L'ÈRE DES NOUVEAUX TITANS

DU MÊME AUTEUR

China's Management Revolution: Spirit, Land, Energy, Palgrave MacMillan, 2011.

Comment la Chine change le monde, Dialogues, 2013.

Light Footprint Strategy: Leadership in times of change, Bloomsbury, 2013.

Confucius et les automates. L'avenir de l'homme dans la civilisation des machines, en collaboration avec François Roche, Grasset, 2014.

La Chute de l'empire humain. Mémoires d'un robot, en collaboration avec François Roche, Grasset, 2017.

Re-entrepreneuring: How Organizations Can Reignite Their Entrepreneurial Spirit, Bloomsbury, 2018.

CHARLES-ÉDOUARD BOUÉE
En collaboration avec François Roche

L'ÈRE DES NOUVEAUX TITANS

Le capitalisme en apesanteur

BERNARD GRASSET
PARIS

Couverture : Guido Reni, *La Chute des Titans*,
© akg-images/Electa.

ISBN 978-2-246-82175-5

À Laure-Victoire et Charlotte-Alicia, mes filles, dont je suis si fier.
À Adrienne, pour son inspiration, son amour et sa patience.
À Marie-Anne et Vincent, mes parents.
À Antoine, Benjamin, Nicolas et Sylvain.
mes associés dans des fonds et entreprises qui dessinent
le futur d'un monde plus humaniste et bienveillant.
À Christine, François et Olivier,
qui m'ont aidé et soutenu dans l'écriture de ce livre.
Enfin, à tous ceux qui, face à l'épreuve du Covid-19,
ont pris la mesure de la difficulté sans chercher
à la minimiser et s'attellent, dès maintenant,
à écrire un avenir « heureux » dans l'ère des nouveaux Titans.

« L'écriture est en grande partie une tentative
de comprendre pourquoi les gens font ce qu'ils font. »

Margaret Atwood

(Extrait du discours prononcé par Margaret Atwood le 15 octobre 2017 à Francfort, à l'occasion de sa réception du prix de la Paix des libraires allemands)

Prologue

« Yes, excessive automation at Tesla was a mistake. To be precise, my mistake. Humans are underrated[1]. »
TWEET D'ELON MUSK, AVRIL 2018

Bien avant que n'éclate la pandémie du Covid-19, ce livre était en chantier avec pour objectif de décrire comment, dans une sorte de réinterprétation du mythe antique des Titans, nous, les humains, nous étions livrés sans combat, de manière plus ou moins indolore ou ludique, au cours des deux dernières décennies, dans une sorte de passivité collective, à la domination de nouvelles puissances. Puissances économiques et financières, puissances technologiques ou bien encore géopolitiques… Notre soumission a ruiné les espoirs, nés de la fin de la guerre froide, d'un monde plus juste, plus équilibré, plus multipolaire, davantage concentré sur la recherche du bonheur des peuples à long terme que sur le choc des puissances et le rapport de force à court terme. Nous

1. « Oui, l'automatisation excessive chez Tesla était une erreur. Pour être précis, mon erreur. Les humains sont sous-estimés. »

vivions dans une sorte de capitalisme en apesanteur, indifférents aux grandes fractures sociales et climatiques, obsédés par les plus-values boursières, vivant selon la règle du TINA : *There Is No Alternative*, il n'y a pas d'alternative à l'investissement boursier et à l'accumulation de capital.

Au début de l'année 2020, chaque jour ou presque apportait son lot d'informations, de faits, d'événements nouveaux qui paraissaient consolider la thèse de ce livre. Et donc conforter la structure envisagée pour sa deuxième partie : combien de temps encore les humains allaient-ils supporter d'être ainsi les jouets des Titans ? Quelles forces nouvelles pourraient bien les ébranler ? Résisteraient-ils à des chocs encore plus puissants qu'eux comme le réchauffement climatique, l'épuisement des ressources de la planète, les migrations massives, l'explosion démographique de certaines régions du monde, les révoltes des laissés-pour-compte de la croissance économique et de la technologie ? Faudrait-il, à l'image de Zeus déclenchant le déluge de Deucalion, que surgisse une ou plusieurs catastrophes planétaires qui renverraient les Titans dans les profondeurs des abysses afin qu'une humanité plus sereine puisse s'épanouir ?

La survenue d'une pandémie mondiale ne faisait pas partie des scenarii envisagés. Les seuls virus qui nous paraissaient à craindre étaient de nature informatique. Seules des attaques sur nos systèmes d'information, sur nos infrastructures énergétiques et de transport, nous paraissaient de nature à interrompre gravement l'activité économique du globe. Après avoir considéré les premières manifestations du coronavirus comme un phénomène isolé, d'ampleur limitée, il a fallu se rendre à l'évidence : nous étions submergés par une sorte de déluge, une révélation soudaine de notre fragilité, avec la moitié de la population mondiale en confinement, l'effondrement de secteurs entiers de l'économie, la mort comme fil rouge des chaînes d'information et des réseaux sociaux. Et alors même que nous étions au plus fort de la pandémie, nous subissions une autre forme de déluge, celle des innombrables contributeurs à la réflexion sur « le monde d'après ».

Se pouvait-il que la théorie défendue dans ce livre, patiemment échafaudée, soit une victime collatérale du pangolin ? Que les Titans soient mis à bas par une contamination d'origine animale, un accident organique, à l'heure de l'hypertechnologie et de l'intelligence artificielle ? Mettant à profit le confinement, l'ouvrage a été remis sur le métier à la lumière de ce déluge. Impossible en effet de ne pas analyser cette crise du coronavirus, à l'aune de ses possibles effets sur le monde des Titans. Le virus allait-il les ébranler ? Symbolisait-il l'« Apocalypse », au sens biblique du terme, celui de la « révélation » ? Administrait-il la preuve ultime que l'homme est le « maillon faible » de l'univers, fragile machine biologique écartelée entre l'hyper-technologie et une nature qui gronde ? Ou le « monde d'après » ne sera-t-il que le « monde d'avant » en pire, même s'il est corrigé à la marge ? L'histoire nous montre que la mémoire des épidémies est courte, que les hommes les oublient vite pour vaquer à nouveau à leurs affaires. En sera-t-il de même avec le Covid-19, ou l'humanité parviendra-t-elle à en tirer les leçons essentielles afin d'éviter d'être frappée à nouveau dans le futur ?

PREMIÈRE PARTIE

Les Titans

« Un combat de titans ne dit pas que vous serez
gagnant en usant de tout et du temps.
Mais s'opposer à se battre quand cela est nécessaire,
c'est se refuser d'en être vainqueur
ne serait-ce qu'un court instant. »

DESCREA

1/

Le mythe

« Le bonheur est un mythe inventé par le diable pour nous désespérer. »
GUSTAVE FLAUBERT

Les Titans sont une création de la mythologie grecque. Les Grecs n'avaient jamais entendu parler d'Adam et Ève. Mais comme dans toutes les civilisations anciennes, ils voulaient percer le mystère de l'origine du monde, non par curiosité scientifique, mais pour fournir aux humains un « storytelling » imagé et frappant, de telle sorte qu'ils comprennent un peu mieux le monde dans lequel ils vivaient, qu'ils nourrissent leur imaginaire et qu'ils acceptent l'inacceptable : l'homme n'est qu'un jouet dans les mains des puissances supérieures, et si le monde est tel qu'il est, c'est que des créatures célestes ou diaboliques en ont décidé ainsi. Le monde grec, si civilisé, si fertile en idées nobles, si amoureux des arts et de la beauté fût-il, était aussi un monde brutal, guerrier, injuste et cruel. Et s'il en était ainsi, c'était à cause des Titans et des dieux qu'ils engendrèrent.

À l'origine de l'univers, était Gaia, la Terre, l'Être primordial, créateur de toutes choses, qui s'est unie avec son fils Ouranos, le Ciel, pour donner naissance aux races divines. Ils mettent d'abord au monde des monstres : les Hécatonchires, trois géants aux cent bras et aux cinquante têtes ; et les Cyclopes, créatures effrayantes, dotées d'un œil unique au milieu du front. Puis vinrent encore douze autres enfants, six filles et six garçons. Ils ont pour noms Hypérion, Crios, Céos, Océan, Japet, Cronos, pour les garçons ; Théia, Rhéa, Thémis, Phoébé, Téthys et Mnémosyne pour les filles. Ce sont les Titans. Ouranos est un père jaloux de son pouvoir absolu. Craignant que ses enfants lui portent ombrage, et lui contestent son rôle de maître de l'Univers, il les tient prisonniers dans le Tartare, la région la plus basse et la plus terrible des Enfers. Nul ne sait très bien combien dura cette captivité, suffisamment longtemps en tout cas pour que le dernier-né des Titans, Cronos, sonne l'heure de la révolte. Obéissant aux injonctions de Gaia, sa mère, il émascule son père et libère tous ses frères et sœurs. C'est ainsi que s'ouvre l'ère des Titans, qui entreprennent de régler le nouvel ordre de l'univers et de créer les hommes et les animaux.

Sous la férule de Cronos, ils se répartissent les rôles, tant la tâche est immense. Afin de mieux unir leurs efforts, les frères épousent leurs sœurs. C'est ainsi qu'Hypérion et Théia engendrent Hélios (le soleil), Séléné (la lune) et Eos (l'aurore). De son frère Océan, Téthys, la benjamine, donne naissance à tous les dieux des fleuves et aux Océanides, les nymphes de la mer. Quant au jeune rebelle, Cronos, il s'unit à sa sœur Rhéa, qui lui donne de nombreux enfants dont Hestia, Déméter, Héra, Hadès et Poséidon. Mais Cronos est affecté du même défaut que son père, la jalousie. De peur de voir ses enfants se transformer en rivaux (il avait l'expérience de la chose), il les dévore à la naissance. Pour son dernier-né, Zeus, Théia a cependant recours à un subterfuge : elle enveloppe une pierre d'un lange et la donne à manger à son époux, prétendant qu'il s'agit du nourrisson, puis s'enfuit en Crète avec le petit Zeus, qui fut nourri de lait de brebis et de miel.

Sous le règne de Cronos, le premier des Titans, c'est l'Âge d'or, un peu comme les années pré-Covid, marquées par une croissance économique régulière et une abondance de technologies. Avec Cronos, les hommes vivent libres, dans un printemps éternel, les animaux féroces n'existent pas, la vie quotidienne est remplie d'allégresse et de festins… La Terre est une sorte de paradis. Et il aurait pu en être ainsi jusqu'à la fin des temps. Mais à l'âge adulte, Zeus revient de Crète. À son tour, il veut détrôner son père, Cronos. Il l'attaque et l'émascule, lui fait recracher tout ce qu'il a avalé, d'abord la fameuse pierre, puis les cinq enfants dévorés jadis. Il délivre les Cyclopes du Tartare, qui lui offrent la foudre. La

Titanomachie, ou guerre des Titans, est déclarée. Elle sera brutale. Les Titans, séparés en deux camps opposés, soutiennent les uns Cronos, les autres Zeus. Océan et Styx rejoignent la cause de Zeus, ainsi que Prométhée. Les autres frères se rallient à Cronos et les sœurs restent neutres. Les Titans du camp de Cronos s'installent sur le mont Othrys, Zeus et ses frères et sœurs sur le mont Olympe. On se bat à coup de roches en fusion, de forêts enflammées. La bataille fait rage pendant dix ans ou dix siècles, personne ne le sait vraiment et cela a peu d'importance. Finalement, Zeus l'emporte grâce à la libération des Cyclopes et des Hécatonchires qui avaient été également enchaînés par Ouranos. Expulsés du ciel, les Titans restés fidèles à Cronos sont enfermés dans le Tartare. Seul Océan garde sa place, entourant le monde de ses eaux immuables.

Zeus, de l'Olympe, assure la nouvelle direction de l'Univers. Il partage le pouvoir avec Hadès et Poséidon mais garde la maîtrise du ciel et exerce la souveraineté suprême. Maître du Ciel et de l'eau céleste, il dispense rosée et pluie et organise les saisons. Il est un dieu politique, fondateur et protecteur des institutions sociales. Il veille sur les rois et les assemblées, sur les États comme sur les familles. Il contrôle le respect des serments et de l'hospitalité. Il est le garant de l'Ordre et de la Loi. Il descend parfois incognito sur terre pour vérifier si les lois sont bien appliquées par les hommes. Il défend les victimes et châtie les coupables.

Les dieux olympiens succèdent donc aux Titans. La gouvernance de l'univers est assurée par la première génération, Zeus, Poséidon (mer et océans), Hadès (Enfers), Déméter (agriculture et moisson), Hestia (feu sacré et foyer) et Héra (femmes, mariage, fécondité). S'y ajoutent huit dieux de la génération suivante, qui descendent de Zeus, sauf Aphrodite (amour et sexualité) : Apollon (arts, beauté masculine, poésie et lumière), Artémis (nature et chasse), Athéna (sagesse, stratégie militaire, maîtres d'école, artistes), Arès (guerre), Héphaïstos (volcans et métallurgie), Hermès (gardien des routes et des carrefours, commerçants, voleurs, prostituées, orateurs, poids et mesures), Dionysos (vigne et vin). Les humains reprennent confiance, mais Zeus est un maître sourcilleux, qui ne badine pas avec l'ordre et la loi et ne supporte pas que l'autorité des dieux soit contestée.

Un jour, souhaitant mettre à l'épreuve Lycaon, roi d'Arcadie, réputé pour son mépris des dieux, il se présente à lui sous les traits d'un mendiant. Lycaon le reçoit à sa table et lui fait servir de la chair humaine (son petit-fils Arcas). Indigné, Zeus change Lycaon en loup (dans la mythologie moderne, les Lycaons sont les loups-garous des livres et films fantastiques…) et décide de déclencher le Déluge pour punir les hommes de leur impiété, détruire l'humanité et créer une race d'hommes meilleure que la première. Il recouvre la terre sous les eaux, seul le sommet du Parnasse (résidence d'Apollon) demeurant émergé. Uniques survivants du désastre, Deucalion, fils de Prométhée, et son épouse Pyrrha parviennent au Parnasse dans un frêle esquif, avec l'aide de Prométhée. Obéissant à un oracle de Thémis, ils jettent derrière eux des pierres. Celles de Deucalion deviennent des hommes dès qu'elles touchent l'eau et celles jetées par Pyrrha, des femmes. Ainsi est créée la nouvelle race des hommes.

Comme l'écrit Annie Collognat : « Le pouvoir du mythe réside dans sa prodigieuse souplesse, dans le fait que l'on puisse sans cesse le mettre en question(s) en l'interrogeant ou en le (ré)interprétant, en admettant sa part d'équivoque[1]. » Comme nous, les Anciens cherchaient à comprendre leur monde. Les écrits historiques n'y pouvaient suffire, il fallait remonter à l'origine des temps pour proposer aux hommes un récit qui grave dans le marbre du mythe leur rapport au monde, au pouvoir, à la nature, à leur origine. C'est le cas d'Hésiode qui a mis en texte le mythe des Titans. Natif de Béotie, au VIIIe siècle avant notre ère, il se consacra d'abord à l'agriculture, sur un pied modeste. Cette

1. Annie Collognat, *Dictionnaire de la mythologie gréco-romaine*, Omnibus, 2012.

expérience de la vie âpre de cultivateur le poussa à écrire une ode didactique à la vie saine, au travail et aux valeurs morales, *Les Travaux et les Jours*. La légende raconte qu'il fut opposé à Homère (probablement son contemporain), dans une joute poétique qui devait départager les mérites de la poésie didactique et de la poésie épique, celle de l'*Iliade* et de l'*Odyssée*. Hésiode l'emporta parce qu'il célébrait la paix et non la guerre.

Mais son œuvre la plus connue demeure la *Théogonie* dans laquelle il entreprend de réécrire l'histoire des mythes grecs et de relater le destin des trois générations de dieux, qui se sont succédé pour tenir l'univers sous leur férule, celles d'Ouranos, de Cronos et de Zeus. Salutaire entreprise de remise en ordre, au moment où la civilisation classique grecque prenait naissance avec la fondation d'Athènes, trois siècles avant celui de Périclès. Cette période de grands bouleversements, probablement encore marquée par l'effondrement de la civilisation mycénienne qui a régné sur la mer Égée entre 1400 et 1200 avant notre ère, puis a disparu pour des causes encore assez mystérieuses aujourd'hui (catastrophes climatiques, invasions barbares, crise économique, les experts continuent de s'interroger…). Cette civilisation avait pourtant régné sur le Péloponnèse, la Crète, la mer Égée, construit des palais, inventé une écriture, développé le commerce et l'artisanat. Dans l'*Iliade* et l'*Odyssée*, Homère fait même du roi de Mycènes le souverain des Achéens, ceux-là mêmes qui déclenchent la guerre de Troie. Au moment où Hésiode gravait ses vers sur ses tablettes, il y avait probablement dans l'air cette idée que les civilisations humaines étaient mortelles et que des forces supérieures devaient être à l'œuvre pour détruire, selon leur bon vouloir, les sociétés humaines. Remettre à plat des grands mythes fondateurs, c'était proposer aux Grecs une explication de l'origine du monde et du rapport de force qui régentait les relations entre les dieux et les hommes.

Que nous raconte cette histoire, en fait ? Que tout procède de la nature et des dieux (ou puissances supérieures) qui l'incarnent. Que l'Homme est le jouet de forces supérieures qui peuvent lui assurer la paix et la prospérité ou le jeter dans les affres de la guerre et de la misère, selon le bon vouloir des Titans et des dieux. Que ces derniers, bien que maîtres du ciel et de la terre, sont souvent incapables d'y vivre en bonne intelligence et que plutôt que de jouir tranquillement de leurs possessions et de leurs pouvoirs, ils n'ont de cesse d'accroître les premières et de renforcer les seconds, même au prix des pires désastres. Que l'émasculation du père constitue l'acte par lequel se transmet le pouvoir aux générations futures. Et qu'il faut une catastrophe naturelle dévastatrice, le Déluge, pour faire émerger une race d'hommes meilleurs. Le mythe nous enseigne donc que le monde est violent par nature, car la soif de pouvoir est inextinguible et les hommes sont des victimes collatérales de l'affrontement des Titans. Ainsi que l'écrit Sylvain Tesson : « L'*Iliade* nous a appris une chose. L'homme est une créature frappée de malédiction. Ce n'est ni l'amour, ni la bonté qui mènent le monde, mais la colère. Parfois, elle s'apaise mais gronde toujours, sourde bête, tapie dans les replis de la terre comme une ombre au mufle soufflant qui ne supporte pas de souffrir, mais qui ne connaît pas les raisons de sa blessure[1]. »

Pour les Anciens, le bonheur des hommes est une illusion. Leur destin est d'affronter des guerres que ne séparent que de courtes périodes de répit, lorsque les Titans et les dieux souhaitent prendre quelque repos. Cette idée, nous l'avons violemment combattue, surtout après les conflits sanglants qui ont marqué le XXe siècle. Aujourd'hui, cette conviction antique que l'état naturel des hommes n'est pas le bonheur mais la survie, reprend du service, singulièrement nourrie par l'épidémie du coronavirus, en dépit du développement spectaculaire d'une véritable industrie du plaisir et de la pensée positive, qui a fini par inculquer aux hommes la conviction que la recherche du bonheur était un objectif réaliste. Dans un article rédigé pour le World Economic Forum de Davos, Rafael Euba,

1. Sylvain Tesson, *Un été avec Homère*, Équateurs, 2018.

spécialiste de la psychiatrie du grand âge au King's College de Londres, écrit : « Les humains ne sont pas conçus pour être heureux ni même satisfaits. Ils sont conçus d'abord pour survivre et se reproduire comme toutes les autres créatures de l'univers. L'état de contentement n'est pas favorisé par la nature car il nous conduirait à baisser la garde contre les dangers qui menacent notre survie. » L'épidémie de Covid-19 nous a rappelés à cette amère réalité.

Dans la mythologie, les hommes se soumettaient aux Titans et aux dieux. Ils n'avaient pas le choix. Est-ce le même sort qui nous attend dans cette nouvelle ère ? Sommes-nous sur le point d'être emportés nous aussi par le Déluge de Deucalion afin de favoriser l'émergence d'une humanité plus raisonnable qui nous ramène à l'Âge d'or ?

2/

Les Titans modernes, ou la fusion du capital et des mathématiques

« Le mental intuitif est un don sacré
et le mental rationnel est un serviteur fidèle.
Nous avons créé une société qui honore le serviteur
et a oublié le don. »
ALBERT EINSTEIN

Ce n'est pas tordre à l'excès le mythe des Titans que de constater son étonnante modernité. Le capitalisme du XXIe siècle consacre la nouvelle ère des Titans : Google, Amazon, Facebook, Apple, Microsoft, leurs équivalents et concurrents chinois que sont les Baidu, Alibaba ou Tencent. La liste s'est même allongée avec Uber, Airbnb, Deliveroo, Meituan, Sensetime ou Bytedance. D'autres sont en gestation. Leur objectif n'est pas de mettre le monde à feu et à sang mais de s'enrichir sans limites en créant des écosystèmes planétaires régis par des modèles mathématiques hyper-rationnels et redoutables d'efficacité. Ces entreprises rassemblent plusieurs milliards de « croyants » qui font parfois la queue dans la rue, dans le monde entier, pour acheter leurs nouveaux produits. C'est un phénomène inédit dans le monde du capitalisme. Auparavant, les entreprises recrutaient des clients, aujourd'hui elles enrôlent des zélotes dont elles monétisent les données. Leur puissance financière est quasi illimitée. Elles ont émasculé les entreprises de l'ancien monde pour prendre leur place dans beaucoup de domaines, comme l'industrie automobile, et ont réduit les opérateurs télécom à de vulgaires fournisseurs de tuyaux électroniques. Leur influence est telle qu'elles sont capables de faire et défaire des élections et de créer des révolutions, comme ce fut le cas aux États-Unis avec Donald Trump et le scandale de Cambridge Analytica ou en Grande-Bretagne avec la campagne pour le Brexit. Elles développent des technologies de nature à éliminer l'homme du monde du travail grâce aux milliards de dollars qu'elles investissent dans la recherche sur l'intelligence artificielle et l'automatisation d'un nombre croissant de tâches. Elles étendent leurs activités à des secteurs autrefois réservés aux puissances étatiques (la propagande, l'espace, la création de monnaie). Or que sont ces Titans, sinon le fruit de la crise financière 2008-2009 ?

Chez les Titans, il n'y avait pas de banquier central. L'argent n'était pas un sujet. Chez les dieux olympiens, on s'occupait surtout des moissons, de la chasse, des vignes, du commerce, de l'artisanat et du travail des métaux. Dans les textes anciens, le mot même d'économie (du grec οἶκος, maison, et νόμος, loi) se rapporte essentiellement à la gestion de la maison ou du domaine, ainsi qu'en témoignent les premiers essais écrits sur le sujet, notamment par Xénophon. L'instrument monétaire est alors la « chouette », une pièce d'argent brut, essentiellement réservée à l'État, pour ses paiements. Dans la mythologie, on note bien l'apparition sporadique d'un dieu de l'argent, Ploutos. Il est riche mais boiteux. Il distribue son argent à tort et à travers, à ceux qu'il croise sur son chemin. Cela a le don d'irriter Zeus, qui le rend aveugle, conférant à sa manie du don un caractère encore plus hasardeux. Et comme le hasard fait mal les choses, il s'avère que Ploutos enrichit plutôt les hommes mauvais que les citoyens honorables, ce qui conduit Zeus à lui rendre la vue afin qu'il contemple les troubles qu'il a causés par ses largesses inconsidérées : Hermès ne reçoit plus de dons de ses fidèles et doit gagner sa vie comme aide-cuisinier, les prêtres sont privés de leur gagne-pain car les citoyens thésaurisent et n'offrent plus de sacrifices aux dieux. Devant ce spectacle navrant, Ploutos décide de ne faire profiter de sa générosité que ceux qui le méritent. Dans l'Antiquité déjà, l'argent a donc mauvaise presse. Dans l'*Éthique à Nicomaque*, où il traite du sens de la vie humaine et de la quête du bonheur, Aristote qualifie de stériles, voire déshonorantes, les activités financières, de la même façon qu'Homère dans l'*Iliade* et l'*Odyssée*. Aristote oppose même la chrématistique, l'art de s'enrichir, à l'économie, qui est au service du bien-être de la communauté (*Politique*, livre I).

Dans le monde d'aujourd'hui, Ploutos ne serait ni aveugle ni boiteux, il ne serait ni dieu ni Titan, mais la semence de l'Univers. Son buste devrait orner la façade de la Banque centrale européenne, de la Fed, de la Banque populaire de Chine, dans lesquelles il s'est réincarné, et qui, depuis la crise financière de 2008, ont déversé sur leurs économies respectives une quantité d'argent phénoménale, qui se compte en milliers de milliards de dollars. Auparavant, les grands argentiers du monde agissaient dans un seul objectif : contrôler la croissance de la masse monétaire pour éviter l'inflation. Ils géraient les affaires financières du monde en bons pères de famille, parant à la formation des bulles spéculatives, surveillant les pratiques des banques commerciales et d'investissement. Mais les régulateurs ont été pris en défaut. La crise de 2008 a détruit cette logique. Elle a fait naître dans le système capitaliste mondial la crainte suprême : le manque de liquidités, le risque de faillites bancaires en cascade, les déposants dépossédés de leur argent, les entreprises privées de financement…

Le spectre de la crise de 1929 a alors fait dresser les cheveux sur la tête des grands argentiers et ils ont donc décidé d'ouvrir les vannes, à la fois pour résoudre la crise bancaire mais aussi pour relancer la croissance de l'économie. Les banques centrales se sont ainsi donné pour mission de sauver le monde en usant sans mesure du *quantitative easing* (politique financière « accommodante »), version vertueuse de la planche à billets. Au point que les taux d'intérêt sont aujourd'hui proches de zéro, lorsqu'ils ne sont pas négatifs, particulièrement en Europe, un phénomène qui s'est fortement développé en 2019 et en 2020. Et s'il le faut on fera décoller l'« hélicoptère monétaire », autrement dit la machine à créer de la monnaie pour la distribuer directement aux citoyens afin qu'ils continuent de consommer. On a même vu en février 2020 les autorités de Hong Kong distribuer directement l'équivalent de 1 160 euros à chaque habitant de la ville. Comme nous le verrons plus loin, cette spirale troublante s'est encore accélérée durant la crise du coronavirus : aux États-Unis, en Europe, en Chine, des milliers de milliards de dollars ont été mobilisés pour soutenir les entreprises, financer les États, indemniser le chômage, relancer l'économie. L'urgent devient l'habituel…

Quelles sont les conséquences de ce phénomène ? Il change toute la logique de l'industrie financière. Autrefois, il était logique qu'un prêteur reçoive un taux d'intérêt pour l'argent qu'il prêtait. Aujourd'hui, au moins en Europe et au Japon, prêter lui coûte de l'argent. Il serait presque préférable pour lui de stocker des billets de banque dans un coffre, dont le prix de location serait inférieur au coût de l'intérêt négatif. Puisque prêter aux États ne leur rapporte presque plus rien, et dans certains cas, leur coûte, les détenteurs de capitaux se dirigent vers des investissements plus rémunérateurs mais plus risqués, au moins en théorie. L'aversion au risque, vieux principe de la finance, est donc découragée. Ce qui explique que les investisseurs institutionnels saisissent toutes les opportunités pour placer leurs capitaux dans les actions, les *junk bonds*, l'immobilier, le *private equity*, le capital-risque, le financement des start-up. Les taux d'intérêt négatifs sont aussi un secours pour les États très endettés, puisqu'ils offrent une « prime de risque » supérieure à celle des États considérés comme sûrs (l'Allemagne, la France…).

Le problème est que ces capitaux ne dopent pas la croissance mais contribuent à augmenter les prix des actifs (les actions, la valeur des start-up technologiques, l'immobilier) et à multiplier les bulles spéculatives. A contrario, ils pénalisent les épargnants modestes, qui se voient offrir des taux de rémunération de plus en plus bas sur les produits simples comme les livrets d'épargne ou les produits d'assurance-vie. Autrement dit, cette politique d'argent facile enrichit les plus riches, qui peuvent profiter pleinement des rendements de l'investissement à risque, et appauvrit les plus modestes, salariés à faible capacité d'épargne ou retraités. Et tout retour en arrière, sous la forme d'une augmentation des taux d'intérêt par exemple, générerait des risques graves pour la santé de l'économie mondiale, comme lorsque l'on prive un malade de l'oxygène grâce auquel il survit. Les actifs surévalués seraient alors dévalués à leur « vrai » prix, créant une disparition de richesse massive ou un transfert sans précédent de richesse des vieux vers les jeunes et un creusement encore plus prononcé de l'écart entre riches et pauvres. La crise du coronavirus ne changera pas cet état de fait, tout au contraire.

Les banques centrales attendent encore cette inflation qui aurait dû être la conséquence logique, selon les règles classiques de la macro-économie, de l'abondance de liquidités dans notre système économique et financier. Ne la voyant pas venir, elles ont redoublé d'efforts jusqu'à un point quasi absurde puisqu'elles ont en fait accéléré un mécanisme qui avait démarré il y a bien longtemps, de déflation technologique s'opposant à l'inflation naturelle et monétaire. L'inflation ne reviendra pas de sitôt mais, avec plus d'investissement dans les technologies, la déflation technologique va continuer à s'accélérer, mettant encore plus de pression sur les salaires des humains tandis que l'inflation des actifs (TINA) va continuer à plein régime.

Si, comme le disait si bien Albert Einstein, les intérêts composés (positifs) sont la huitième merveille du monde puisque ceux qui les comprennent en bénéficient alors que ceux qui ne les comprennent pas en font les frais, c'est un peu différent quand ils deviennent négatifs. Les taux d'intérêt négatifs changent fondamentalement les réalités économiques. Prenons un exemple simple, tiré d'un cas réel : une entreprise emprunte 500 millions d'euros sur dix ans sur les marchés financiers avec l'aide de son banquier. Grâce aux taux négatifs, elle reçoit 535 millions puisque les marchés la rémunèrent pour avoir bien voulu leur emprunter de l'argent. Elle pourrait entreposer ces 500 millions dans un coffre pendant dix ans et avec les 35 millions de « bonus », organiser une splendide soirée à 15 millions, racheter une start-up pour 20 millions, sans qu'en réalité cela lui coûte un centime, son risque est nul.

Autre exemple : imaginez que vous investissiez dans un projet qui nécessite un investissement de 100 euros la première année, puis rapporte 10 euros par an pendant dix ans, et que vous revendiez pour 100 euros en année 10. Dans un monde à taux d'intérêt à 10 % (à l'époque d'Einstein), la valeur nette présente actualisée de ces mêmes cash-flows serait de moins de 10 euros. Avec des taux d'intérêt à zéro, cette valeur nette serait de moins 100, plus 10 × 10, plus 100, soit 100 euros (le monde 2019-pré-Covid). Dans un monde à taux d'intérêt négatifs de -5 %, cette valeur serait de plus de 200 euros. Ce que cet exemple nous montre, c'est l'impact dramatique sur la valeur des actifs des taux d'intérêt négatifs et l'inversion de la valeur temps, puisque 100 euros dans dix ans valent plus que 100 euros aujourd'hui, mais bien moins que 100 euros dans cent ans.

Le capitalisme financier a fait le lit des Titans technologiques et économiques. Aucun rêve n'est plus inaccessible dans un monde où l'argent est tellement abondant qu'il ne coûte presque rien, voire coûte à ceux qui le conservent. Nourrir des projets fous comme celui d'aller sur Mars lorsque l'on est un entrepreneur privé ? Pas de problème. Les capitaux sont là. Créer en quelques années une nouvelle marque d'automobile électrique comme Tesla (2 milliards de dollars de pertes en 2017, mais un bénéfice pour le second semestre 2019), un projet que l'on aurait qualifié de pure folie dans l'« ancien monde », devient possible. En 2020, la capitalisation boursière de Tesla a bondi pour atteindre 150 milliards de dollars fin mai, le double de celle de Volkswagen à la même date, alors que le constructeur américain a vendu 367 500 automobiles en 2019 contre 6,2 millions pour l'entreprise allemande... Folie raisonnable aussi que de lancer le premier site de commerce en ligne du monde à marche forcée (Amazon a vendu ses premiers livres en ligne en 1995), à coup de dizaines de milliards de dollars d'investissements, malgré les sueurs froides infligées au fil des années aux actionnaires. La crise financière a même permis à Amazon d'émerger. Ou encore fidéliser, comme Uber, 100 millions d'utilisateurs actifs dans le monde chaque mois, en à peine dix ans, moyennant des pertes colossales (4 milliards de dollars en 2017, 3,3 milliards en 2018, 1 milliard en 2019). L'entreprise a beau n'avoir jamais gagné d'argent, elle s'est même lancée dans une autre activité, au niveau mondial, la livraison de repas à domicile, une activité qui s'est révélée particulièrement rémunératrice durant la crise du Covid-19. Et les autres grandes plates-formes de services comme Airbnb ou Deliveroo ont fait de même. Cette certitude que l'argent ne manquera jamais, qu'il se trouvera toujours des capitaux prêts à s'investir dans des projets risqués mais potentiellement très rémunérateurs, explique en large part la création de ces Titans technologiques. Cette situation inédite en matière de taux d'intérêt fait que le futur ne coûte pas plus cher que le présent, puisque le taux d'actualisation des investissements est très faible. L'argent quasi gratuit accélère le temps.

En vingt ans à peine, les GAFA ont constitué leurs forteresses, là où les grandes entreprises industrielles des temps anciens ont eu besoin de plusieurs décennies pour s'imposer comme leaders mondiaux. L'afflux de capitaux a permis à ces jeunes entrepreneurs de réaliser des investissements massifs pour se projeter, à une vitesse folle, sur les marchés mondiaux, de développer sans cesse de nouvelles activités, d'embrasser des secteurs dans lesquels ils n'avaient aucune compétence préalable et où les coûts d'entrée étaient jugés prohibitifs (le spatial, l'automobile...).

Mieux encore, ces Titans ont accumulé des réserves financières considérables : plus de 100 milliards de dollars de trésor de guerre chez Apple (autant que le coût intégral du programme spatial Apollo qui a mis un homme sur la Lune). Les seuls profits d'Apple (73 milliards de dollars en 2019, presque 30 milliards de plus qu'en 2017, dix fois plus qu'en 2008) excèdent le produit intérieur brut (PIB) de la plupart des pays du monde et égalent celui de la Tunisie ou de la Bulgarie. Et comme si cela n'était pas encore suffisamment « titanesque », le 20 août 2020, alors que la crise du coronavirus reprenait en Europe et sévissait encore sévèrement aux États-Unis, Apple devenait la première entreprise cotée au monde à dépasser, en cours de séance, les 2000 milliards de dollars de capitalisation boursière. Profits records également chez Google (34,7 milliards de dollars entre juillet 2018 et juillet 2019, soit une augmentation de... 211 % sur un an et un trésor de guerre de plus de 100 milliards de dollars), et chez Facebook (plus de 60 milliards de dollars de profits entre 2016 et 2019, alors que l'entreprise ne gagnait pas d'argent en 2013 et a connu des débuts difficiles voire catastrophiques en bourse). Sans parler des capitalisations boursières de ces entreprises, même si elles sont soumises à des aléas. Entre 2017 et 2018, selon une étude réalisée par PwC, la valeur boursière des cent plus importantes entreprises cotées dans le monde a augmenté de plus de 2000 milliards de dollars : 20000 milliards de dollars contre 17400 milliards. Les États-Unis mènent la danse de très loin (12000 milliards de dollars), devant la Chine (2800 milliards), alors que la capitalisation boursière cumulée des entreprises britanniques, suisses, allemandes et françaises dépasse à peine les 2000 milliards de dollars, soit l'équivalent de seulement une des cinq GAFAM. Google, Apple, Microsoft affichent des capitalisations qui évoluent entre 2000 milliards (pour Apple, en août 2020) et 700 milliards de dollars. Fin août, Facebook émarge à près de 750 milliards, Alibaba à 700 milliards, Tencent à 680 milliards. Entre 400 et 700 milliards de dollars, la valeur boursière de ces entreprises dépasse ou égale les PIB de pays comme l'Autriche, l'Argentine, la Suisse, Taïwan, la Pologne, l'Arabie Saoudite, les Émirats arabes unis ou le Nigeria. Certes, la crise du coronavirus a entraîné une baisse de la valeur de ces entreprises. Mais la plupart d'entre elles ont vu leur cours de bourse remonter.

L'argent a produit un effet radical sur le développement technologique. C'est comme la boule de neige qui dévale une pente : plus d'argent dans la recherche, plus de technologies nouvelles, plus de chiffre d'affaires et de profits et donc plus de dépenses de recherche et développement. Les masses de capitaux qui s'investissent aujourd'hui dans toutes les nouvelles technologies, depuis l'intelligence artificielle jusqu'à la biologie ou les ordinateurs quantiques, vont provoquer dans quelques années la création de nouveaux Titans dont les stratégies seront les mêmes que celles de leurs aînés. Et ces

Titans ont créé leurs propres créatures : les machines. Cet entrelacs de super-ordinateurs, de serveurs, de logiciels d'intelligence artificielle, d'objets connectés, de réseaux, de crypto-monnaies, de *blockchains* (bases de données partagées qui contiennent l'historique de tous les échanges effectués entre les utilisateurs depuis leur création), est en train de devenir une créature monstrueuse, aux innombrables ramifications, qui régit l'ensemble des activités humaines. L'argent a créé les Titans de la Tech, qui font basculer le monde dans le virtuel et cassent nos modèles économiques et sociaux, concourant à la montée des inégalités.

Prenez ces trois ingrédients : une révolution monétaire qui libère les moyens d'action du capitalisme ; une révolution technologique qui accélère le temps au point que le cerveau humain peine à s'y adapter ; une révolution sociale qui éloigne de plus en plus ceux qui profitent des deux premières et ceux qui les subissent… En agitant le tout, on provoque un changement total de modèle, la création d'un monde nouveau où toutes les règles anciennes deviennent obsolètes.

Titans géopolitiques

Les nouveaux Titans ne règnent pas seulement sur la sphère économique. Ils ont aussi investi le champ politique dont ils abolissent les codes. Nous avons été les témoins, depuis 2017, de deux événements majeurs qui signifient que nous entrons dans une ère nouvelle s'agissant de la gouvernance politique. Le premier fut l'accession de Donald Trump à la présidence des États-Unis, à l'issue d'un processus électoral probablement gravement perturbé par une puissance étrangère et une campagne ouvertement mensongère. Le deuxième événement est le vote des Britanniques en faveur du Brexit, en partie provoqué par un amoncellement de contre-vérités et de mensonges sur les effets négatifs de l'appartenance du Royaume-Uni à l'Union européenne. Nier à ce point les règles élémentaires du débat démocratique est une grande première dans l'histoire politique du monde occidental depuis la fin de la Seconde Guerre mondiale. Le quotidien américain *The Washington Post* a calculé qu'au cours de ses trois premières années de mandat, Donald Trump avait énoncé 16 241 déclarations publiques fausses ou trompeuses. Leur fréquence s'est même accélérée au fil du temps.

Aucun titre de la presse britannique ne s'est livré à un semblable exercice, mais le nombre de fausses informations, de chiffres fantaisistes qui ont alimenté la campagne sur le Brexit et les trois ans de négociations entre le Royaume-Uni et l'Union européenne (dont un bon nombre énoncés par le Premier ministre en personne, Boris Johnson), est tout aussi impressionnant. Ce dernier ne répugne d'ailleurs pas à endosser le costume du Titan lorsqu'il promet aux Britanniques un « nouvel âge d'or » après la sortie de l'Union européenne, comme si de par sa seule volonté, la situation économique et sociale du pays allait connaître une merveilleuse embellie[1]. Il a aussi survécu au Covid… Pour ces dirigeants, la vérité n'est pas politiquement efficace. Ils estiment être en position de s'en exonérer car ils ont été élus sur les peurs des citoyens exclus du capitalisme et des technologies. Ils se vivent, à leur échelle, comme des Titans politiques, non soumis aux lois couramment admises auparavant, parce qu'ils ont compris, mieux que d'autres, le parti à tirer du déchirement du monde. Ils ne sont pas les seuls. L'idée se répand que les mécanismes politiques anciens, autrement dit la démocratie, le maintien des grands équilibres géopolitiques, ne sont plus à même de résoudre les problèmes politiques, sociaux, économiques, démographiques auxquels le monde est confronté.

Depuis quelques années, des dirigeants sont arrivés au pouvoir en affirmant être en mesure de changer les règles du jeu, pour leur propre pays mais aussi dans la gestion des affaires du monde, même si cela remet en jeu la paix, qu'elle soit politique ou sociale. Ils aspirent

1. « Brexit : de quoi sera fait le "nouvel âge d'or" promis par Boris Johnson », *Le Monde*, 28 janvier 2020.

au rôle de Titans, sur les épaules desquels repose une partie du sort de l'univers. Ils se caractérisent aussi par la possession d'une force brute (la disposition de l'arme nucléaire, la puissance de leur économie et de leur industrie financière, leurs ressources naturelles, l'importance de leur population), mais surtout par leur pouvoir de nuisance, leur volonté de rompre avec l'esprit de négociation et de conciliation, d'édicter leurs propres règles de conduite, de faire basculer en leur faveur, avec brutalité, voire violence, des équilibres précaires, patiemment élaborés au cours des décennies précédentes. Ils fabriquent, et c'est un fait nouveau, une insécurité croissante du monde.

Ils espèrent y trouver un moyen d'augmenter leur puissance mondiale ou régionale. Les Donald Trump, Xi Jinping, Vladimir Poutine, Recep Erdogan, Jair Bolsonaro, Mohammed ben Salmane, Kim Jong-un et quelques autres qui, comme Emmanuel Macron (Jupiter…), aspirent à le devenir, cassent les règles. Poutine s'est arrogé la Crimée et une partie de l'Ukraine, au mépris du droit international ; Trump a lancé une offensive radicale contre la Chine, mettant fin à une longue période de coexistence complexe mais pacifique entre Washington et Pékin, pour des résultats des plus incertains ; Xi Jinping veut étendre l'influence de la Chine par la technologie, l'intelligence artificielle et la pensée confucéenne ; Erdogan place les élites turques en détention, veut détruire les Kurdes et poursuit le rêve de rétablir l'ancienne influence de l'Empire ottoman en Méditerranée ; Bolsonaro lâche la bride aux groupes d'intérêt qui lorgnent sur les richesses naturelles et les grands espaces d'Amazonie et d'ailleurs ; Kim Jong-un joue avec les nerfs des Coréens du Sud et des Japonais, le doigt sur le bouton déclencheur de tirs de missiles.

À toutes les époques, le monde a compté des dirigeants politiques fous ou en marge de la communauté internationale. Cependant, ces Titans géopolitiques dont nous parlons sont à la tête de quelques-uns des pays les plus puissants du monde, disposant de ressources considérables (à l'exception naturellement de la Corée du Nord, mais qui compense son dénuement économique par son pouvoir de nuisance), d'armées puissantes, des technologies les plus avancées. Ils ne sont pas fous ou les tyrans de quelque république bananière, mais les maîtres d'États-puissances dont l'influence sur le reste du monde est considérable. Or, leurs agissements récents montrent qu'ils souhaitent renouer avec un monde dominé par la loi du plus fort.

Cette idée selon laquelle seule la force produit de l'efficacité est en partie le résultat du déploiement massif des technologies. Elles ont imposé la logique des vainqueurs. Le gagnant emporte tout, comme l'explique Philippe Delmas[1]. C'est au nom de cette

1. Philippe Delmas, *Un pouvoir implacable et doux. La Tech ou l'efficacité pour seule valeur*, Fayard, 2019.

logique que les Google, Facebook ou Amazon ont assis leur puissance. C'est au nom de cette même logique que Donald Trump force le destin pour imposer son *America First* (un slogan emprunté au nom d'un groupe de pression qui s'opposait à l'entrée des États-Unis dans la Seconde Guerre mondiale) par un bras de fer avec la Chine et l'Union européenne et en prescrivant une sorte d'extraterritorialité de fait du droit américain qui l'autorise à sanctionner lourdement les pays et les entreprises qui oseraient braver les interdits de la Maison Blanche.

Dans l'univers des Titans, les faibles sont condamnés à disparaître, qu'il s'agisse d'entreprises ou de nations. Il n'y a plus de place non plus pour les « moyens ». Au pays des grands carnivores (la Chine, les États-Unis, la Russie, la Turquie...), les herbivores sont dévorés, et au premier rang d'entre eux, l'Union européenne, dont l'influence est attaquée de toutes parts, faute d'avoir pu exprimer sa puissance. Dans le monde des entreprises, le développement des technologies accroît les écarts de performance entre les acteurs. Les moins efficaces sont durement sanctionnées, à l'image de WeWork, une « licorne » adulée par les investisseurs, mais dont la valeur a chuté de 40 milliards de dollars en quelques semaines, après que des doutes eurent germé sur la solidité de son modèle d'affaires et sur la rapacité hors normes de son dirigeant fondateur. Le S-1, document de pré-mise en bourse à New York et enregistré auprès de la SEC[1] pour protéger les investisseurs contre la fraude, fait toute la lumière sur WeWork. La mission de la société était d'élever le niveau de conscience du monde (« *Our mission is to elevate the world's consciousness* »). Il est certain que, par sa chute, WeWork a réussi à élever le niveau de conscience du monde mais pas comme elle l'entendait. On note aussi dans ce document que le fondateur a vendu la marque *We* à la société pour plusieurs centaines de millions de dollars, un prix prétendument discounté. Pas de commentaire. On y apprend également qu'Adam Neumann se montre critique pour la société bien qu'il n'ait aucun contrat de travail avec elle. Enfin, en cas de décès ou de dégradation de la santé du fondateur, le document révèle que sa femme Rebekah sera l'une des deux personnes, avec une autre qu'elle pourra nommer, qui décidera qui pourra lui succéder... La guillotine de l'IPO[2] (introduction en bourse) est finalement tombée : WeWork n'est pas entrée en bourse, son fondateur et sa famille sont partis et VisionFund/Softbank, tout compte fait, n'a pas mis les nouveaux milliards. Fin de l'histoire.

Cette exigence de performance semble sans limite. C'est comme si la machine capitaliste accélérait de

---

1. Securities and Exchange Commission, organisme américain de réglementation et de contrôle des marchés financiers.
2. Initial Public Offering, offre publique initiale.

plus en plus pour atteindre une vitesse folle. Certains pensent que le capitalisme change de nature. En réalité, ses fondamentaux n'ont pas changé depuis qu'en 1920 Friedrich Hayek et Ludwig von Mises posaient les bases de la théorie néolibérale à Vienne. L'historien canadien Quinn Slobodian explique parfaitement la façon dont, après la Première Guerre mondiale, ces deux jeunes économistes entendaient rebâtir l'âge d'or de la révolution industrielle de la fin du XIXe siècle et du début du XXe, en fixant quelques règles essentielles : liberté des échanges commerciaux et financiers, régulation au niveau mondial et non à celui des États, lutte contre les revendications sociales et la puissance des syndicats ouvriers partout dans le monde[1]. Ce sont toujours ces principes qui alimentent la pensée économique contemporaine, seules la vitesse d'exécution et la masse des capitaux ont changé. Mais c'est une modification essentielle qui explique largement ce que le monde est en train de devenir. C'est la fin du temps long, la dictature du court terme se répand, l'ère du « tout, tout de suite » s'impose. Tout ce qui pourrait freiner cette accélération est combattu, au nom de l'obtention de résultats.

---

1. Quinn Slobodian, *Globalists: The End of Empire and the Birth of Neoliberalism*, Harvard University Press, 2018.

3/

« *The best of times, the worst of times*[1] »

« Procuste en tenue moderne,
le savant en recherches nucléaires préparera le lit
sur lequel devra coucher l'humanité
et si l'humanité n'y est pas adaptée, ma foi,
ce sera tant pis pour l'humanité. »
Aldous Huxley (1932)

« Une civilisation débute
par le mythe et finit par le doute. »
Emil Cioran

« *It was the best of times, it was the worst of times: it was the age of wisdom, it was the age of foolishness; it was the epoch of belief, it was the epoch of incredulity; it was the season of Light, it was the season of Darkness; it was the spring of hope, it was the winter of despair.* » « C'était le meilleur des temps, c'était le pire des temps ; c'était l'âge de la sagesse, c'était l'âge de la folie ; c'était l'époque de la foi, c'était l'époque de l'incrédulité ; c'était la saison de la lumière, c'était la saison de l'obscurité ; c'était le printemps de l'espoir, c'était l'hiver du désespoir. »

1. « Le meilleur des temps, le pire des temps. »

C'est par ces mots que débute le roman de Charles Dickens, *A Tale of Two Cities* (*Un conte de deux villes*), publié à Londres sous forme de feuilleton en 1859. Le romancier anglais installe son intrigue aux temps de la Révolution française, depuis les soulèvements de 1789 jusqu'aux massacres de la Terreur. Mais ce livre n'est pas seulement un roman historique décrivant les tribulations d'une famille vivant à Londres, que les hasards du destin vont attirer en France. Il est aussi une réflexion sur l'injustice de l'Ancien Régime, sur les débordements sanglants des mouvements de foule et sur la valeur du sacrifice, puisque l'un des héros offre sa vie pour sauver celle d'un ami, marié à une femme qui lui est chère. En toute logique, cette œuvre aurait dû rester comme ce qu'elle a été longtemps : un « classique » de la littérature anglaise du XIXe siècle, écrit par un auteur plus connu pour sa critique de la société de son temps (*Oliver Twist*, *David Copperfield*) que pour sa lecture de la Révolution française.

Pourtant, depuis quelques mois, *Un conte de deux villes* a refait surface, de manière plutôt inattendue, non dans quelque cénacle d'amoureux de la littérature anglaise, mais dans les grands forums internationaux. Ainsi, en septembre 2019, à l'occasion des Rencontres d'Évian qui réunissent la fine fleur du monde politique et économique de la

France et de l'Allemagne, le patron d'une grande firme industrielle d'outre-Rhin en a cité les premières phrases lors de son intervention devant une assistance des plus relevées, dont le président Emmanuel Macron. À la surprise générale, tant Dickens est associé à la révolution industrielle du XIXe siècle et non à la nôtre. Comment ce livre est-il parvenu sur la table de lecture de cet industriel ? L'histoire ne le dit pas, mais il n'est pas le seul à le relire. On en parle beaucoup aussi dans les milieux économiques américains et chinois, où on le cite à l'envi. Il est un objet d'études d'universitaires, comme Céline Priest, auteure d'une thèse sur l'œuvre romanesque de Dickens. Dans un article publié dans *La Revue des Deux Mondes*, en novembre 2018, elle suggère que ce livre est une référence au mythe antique des *Bacchantes*, mis en scène par Euripide en 405 avant notre ère, et qui raconte le retour tumultueux de Dionysos à Thèbes, sa ville natale. Pour se venger du roi Penthée, qui refuse de lui rendre les hommages qui lui sont dus, le dieu du vin et de l'ivresse inspire le délire aux femmes de la cité qui se livrent alors au culte du dieu, détruisent les villages, massacrent les bêtes, pourchassent les hommes et finissent par déchirer le roi de leurs propres mains. Autant de parallèles possibles avec la période révolutionnaire en France. Mais cette légende nous renvoie aussi aux torrents de haine et d'injures qui se déversent sur les réseaux sociaux et qui déchiquettent au sens figuré les proies qu'on leur désigne.

« D'ordinaire perçu comme le défenseur des classes populaires, l'écrivain montre une grande ambivalence vis-à-vis de ce peuple en révolte, de sorte que le texte oscille entre adhésion, fascination et horreur face à la puissance furieuse de la masse », écrit Céline Priest[1].

En se référant à ce livre, les dirigeants d'entreprises expriment-ils de façon subliminale la crainte d'une révolution mondiale ? C'est peu probable. Ils témoignent surtout des interrogations de tout être humain sur l'extraordinaire polarisation du monde, dans tous les domaines. Et surtout, que ce qui sert à évaluer l'état réel des sociétés et des économies ne reflète qu'une petite partie de la réalité, ou en tout cas, laisse dans l'obscurité des fractures dont on commence tout juste à découvrir la profondeur. Le « meilleur » et le « pire » reflètent les injonctions paradoxales auxquelles nous sommes soumis et qui conduisent le cerveau humain à la folie, tout comme elles bloquent le fonctionnement d'un ordinateur ou une intelligence artificielle, à l'image de HAL dans *2001 : l'Odyssée de l'espace*.

---

1. Céline Priest, « *Un conte de deux villes* : cabale, carmagnole et bacchanale », *La Revue des Deux Mondes*, novembre 2018.

« Jusque-là tout va bien », pourrait se dire l'homme qui s'est jeté du sommet d'un gratte-ciel et qui n'en est qu'à mi-course de sa chute. C'est un peu la même situation, s'agissant du sort de l'humanité. Pourquoi s'affoler ? En apparence tout va pour le mieux si l'on en croit les indicateurs habituellement utilisés pour apprécier l'état du monde. Selon un rapport de la Banque mondiale publié en 2018, *The Changing Wealth of Nations,* la richesse mondiale a progressé de 66 % entre 2005 et 2014, passant de 690 000 à 1 143 000 milliards de dollars. Ce chiffre mesure la valeur du capital naturel (forêts, ressources minières, agriculture...), du capital humain (les revenus d'une personne sur toute sa vie), le capital produit (bâtiments, infrastructures...) ainsi que les actifs étrangers. Il résulte de l'agrégation de données macroéconomiques qui ne sont guère contestables, mais qui ne permettent de saisir qu'une réalité très globale, laquelle montre néanmoins que sur les 141 pays étudiés, une vingtaine accusent une baisse ou une stagnation de leur richesse par habitant.

Entre 2000 et 2016, le PIB mondial, qui mesure la richesse créée par les résidents d'un pays donné, est passé de 50 000 à 80 000 milliards de dollars et affiche, au cours de cette période, un taux de croissance annuel moyen de 2,86 %. Selon les statistiques du Bureau international du travail (BIT), entre 2000 et 2020, le nombre de personnes au travail, dans le monde, est passé de 2,62 à 3,37 milliards. Si cela représente une progression, celle-ci est en trompe l'œil, car la part de la population en âge de travailler, titulaire d'un emploi, est passée dans le même temps de 61,1 à 58 %. Et la moitié de ces emplois se situent dans le secteur dit « informel », ce qui signifie que ceux qui les exercent ne bénéficient pas de contrat formel avec leur employeur. Autrement dit, en 2018, quatre habitants de la planète sur dix en âge de travailler étaient en dehors du monde de l'emploi (25 % des hommes, 52 % des femmes) et cette proportion a augmenté depuis vingt ans, en dépit de l'accroissement de la richesse mondiale. Mais les optimistes diront qu'un système économique qui est capable d'assurer du travail à six humains sur dix sur le long terme fait plutôt preuve d'efficacité.

La richesse des nations est une chose, mais qu'en est-il de la richesse des individus ? Le Crédit suisse, par l'intermédiaire de son institut de recherche, produit chaque année un *Global Wealth Report* qui mesure l'évolution des actifs immobiliers et financiers détenus par les particuliers. Entre 2017 et 2018, la richesse des ménages a augmenté de 4,6 %, à 317 000 milliards de dollars au niveau global et de 3,2 % par adulte, à 63 100 dollars par tête. Le tiers de cette richesse est situé en Amérique du Nord et c'est aussi là où elle a augmenté le plus vite au cours de la dernière période (6,5 %). Les Chinois détiennent un peu plus de 50 000 milliards de dollars, les ménages des autres pays d'Asie-Pacifique 56 000 milliards, les Européens 85 000 milliards, les Africains 2 000 milliards… Ces données sont intéressantes à étudier car, plus que l'évolution du PIB ou la création de richesses économiques, elles permettent de mesurer le degré d'autonomie financière des individus face à une perte d'emploi, à la maladie, à la retraite ou aux conséquences du vieillissement. Si le chiffre de 63 100 dollars de richesse par tête peut paraître rassurant, il ne reflète qu'une moyenne. La réalité est plus tranchée : depuis 2007, les 1 % les plus fortunés détiennent 50 % de la richesse privée mondiale – même si le taux de concentration des fortunes varie selon les pays, plus faible au Japon et en France, élevé aux États-Unis et au Brésil, très élevé en Inde et en Russie. Et si l'on agrandit la taille de l'échantillon, en passant aux 10 % les plus riches, on constate qu'ils concentrent entre leurs mains plus de 80 % de la richesse privée mondiale, de façon constante depuis 2007. Toujours selon ce rapport du Crédit suisse, 62 % des adultes dans le monde possèdent une fortune inférieure à 10 000 dollars, soit 3,2 milliards d'individus. Au sommet de la pyramide, environ 150 000 personnes détiennent une fortune supérieure à 50 millions de dollars, dont 4 390 dépassent les 500 millions. Mais la bonne nouvelle est que chaque année, plus de 2 millions de nouveaux millionnaires apparaissent. Selon les projections du Crédit suisse, la richesse des individus augmentera de 26 % au cours des cinq prochaines années, atteignant 399 000 milliards de dollars, ce qui gonflera à 55 millions le nombre de millionnaires dans le monde et à 205 000 celui des ultra-riches.

D'autant qu'à cette prospérité globale est venue s'ajouter la diffusion dans le monde entier de nouvelles technologies qui vont créer encore davantage de richesses, faire émerger de nouvelles fortunes individuelles, améliorer la compétitivité des entreprises, faciliter la vie de chacun. Et selon la plupart des experts et des scientifiques, le développement de l'intelligence artificielle devrait permettre aux humains de mieux se soigner, de mieux travailler, d'améliorer leur sécurité et de lutter contre les dérèglements climatiques. L'un des meilleurs spécialistes au monde, le Français Yann Le Cun, responsable de la recherche en intelligence artificielle de Facebook, a publié un livre[1] dans lequel il explique que si aujourd'hui, l'intelligence des machines est plus proche de celle d'une souris que de celle d'un homme, dans un futur prévisible, des machines seront dotées des

1. Yann Le Cun, *Quand la machine apprend. La révolution des neurones artificiels et de l'apprentissage profond*, Odile Jacob, 2019.

trois fonctions essentielles de l'intelligence : percevoir, raisonner, agir.

Si le monde se résumait à cette réalité économique, il y aurait lieu de se féliciter : croissance économique régulière, augmentation de la création de richesses collectives et individuelles, six adultes sur dix au travail… *The best of times…* Après tout, créer de la valeur est la justification même de l'économie de marché et cette dernière est le seul modèle dont nous avons éprouvé durablement l'efficacité. Puisque, si l'on en croit les chiffres, les humains deviennent plus riches, pourquoi donc devrait-on redouter la survenue imminente du *worst of times* ?

Parce que dans cette confrontation entre le monde « artificiel » des mathématiques, des machines et du capital et le monde « biologique », celui des hommes et de la nature, les points de tension se multiplient.

Technologies : après l'âge d'or, trop d'effets déceptifs ?

Ces vingt dernières années ont été probablement, pour l'humanité, aussi fondamentales que la conquête de l'Amérique ou l'exploration de l'espace. Le développement de ce qu'il est convenu d'appeler les « nouvelles technologies » et qui englobent des secteurs aussi divers que les réseaux de télécommunications, la téléphonie mobile, l'Internet, les composants électroniques, l'informatique, l'intelligence artificielle, a fait découvrir aux humains un nouveau monde. L'histoire de la création des entreprises qui incarnent ces technologies est toujours affaire de passion, de découverte, parfois de hasards, de rencontres aussi entre des financiers audacieux et des ingénieurs du troisième type, dont aucun n'avait imaginé la rapidité avec laquelle ces innovations allaient conquérir le monde. Entre 2000 et 2020, il s'est probablement fait plus de découvertes que dans toute l'histoire de l'humanité. Et grâce au cercle vertueux qui s'est mis en place, cette sainte alliance entre le capitalisme et les mathématiques, la vitesse de propagation de ces innovations a été fulgurante. Il faut écouter Kevin Systrom et Mike Krieger, les cofondateurs d'Instagram, raconter leurs débuts, en octobre 2010 : 25 000 inscrits au cours de la première journée, une année de folie passée à augmenter la puissance des serveurs, améliorer la conception du service, lever de l'argent[1]... Deux ans après sa création, Instagram était racheté par Facebook pour 2 milliards de dollars. En 2019, l'application comptait 1 milliard d'utilisateurs actifs dans le monde. Facebook : 16 milliards de dollars levés

1. Kevin Systrom et Mike Krieger, « The Decade Tech Lost Its Way », *The New York Times*, 2019.

sur le Nasdaq huit ans seulement après sa création. Facebook compte aujourd'hui 1,79 milliard d'abonnés actifs chaque jour. Et ce sont les mêmes croissances exponentielles qu'ont connues les autres entreprises de la Tech, comme Google, Amazon et autres. Le phénomène a même gagné la Chine : fondé dans un petit appartement de la ville de Hangzhou en 1999 par un ancien professeur d'anglais, Jack Ma, Alibaba a réalisé l'une des plus importantes entrées en bourse de l'histoire du New York Stock Exchange en 2014 : 25 milliards de dollars. Entre 2014 et 2019, le nombre de clients de la firme chinoise est passé de 300 à 700 millions chaque année et 1,2 milliard de consommateurs dans le monde ont utilisé son application de paiement Alipay en 2019. WeChat, la messagerie d'un autre géant chinois, Tencent, a dépassé le milliard d'utilisateurs actifs début 2019. Encore plus spectaculaire : la rapidité de déploiement de Tik Tok, une application vidéo et musicale pour adolescents, lancée en 2017 par le groupe chinois Bytedance et qui a atteint en 2019 le milliard de téléchargements.

Les années 2010-2020 ont aussi accouché du concept de « licorne », appellation inventée en 2013 par Aileen Lee, un investisseur de la firme Cowboy Ventures, qui voulait trouver un terme désignant des entreprises ayant moins de dix ans d'âge et dont la valeur atteignait déjà le milliard de dollars. On se demande bien quelle étrange association d'idées a présidé à ce rapprochement entre l'univers de la Tech et cet animal imaginaire, le plus important de l'Occident chrétien entre le Moyen Âge et la Renaissance. Son caractère magique peut-être, ou les propriétés curatives attribuées à la corne de l'animal ? Toujours est-il que le seul fait de les identifier par un vocable simple a orienté les projecteurs des investisseurs vers ce type d'entreprises, dont la valorisation et le nombre ont commencé à augmenter. Aujourd'hui, le terme est consacré : la licorne est devenue une catégorie d'entreprises à part entière. Y pénétrer fait désormais partie du rêve de tout fondateur de start-up technologique. On en comptait environ 500 dans le monde en 2019 (contre à peine 80 en 2015), dont 206 étaient chinoises, 203 américaines, 21 indiennes, 13 britanniques, 7 allemandes, et 4 françaises (Blablacar, Deezer, Doctolib et OVH).

Au début de leur histoire, les succès spectaculaires et rapides des grandes entreprises de la Tech ont fait d'elles des modèles. En matière de renommée, leurs dirigeants n'avaient rien à envier aux vedettes du show-business ou du sport. Le moindre de leurs propos avait valeur d'oracle, leurs présentations sur scène ressemblaient à des stand-up. Autour des technologies, se sont développés des rêves de démocratie mondiale (dans le sillage des révolutions arabes), de partage des savoirs et de la connaissance, de résolution de problèmes complexes grâce à l'intelligence artificielle, comme ceux de la mobilité ou de la transition énergétique. Une « techno-idolâtrie » a progressivement pris naissance dans les sociétés développées, mais aussi dans les pays en développement. On attribuait aux technologies une sorte de pouvoir magique, qui allait changer les conditions de vie des humains, les libérer de leurs liens, leur permettre de s'exprimer, leur ouvrir de nouveaux horizons sur les plans personnel et professionnel.

Puis sont venus les interrogations et les doutes. Aucune étude sérieuse n'avait anticipé que les grandes entreprises de technologies allaient s'assurer une telle emprise sur les activités humaines. Tout simplement parce que ce phénomène n'a pas d'équivalent dans l'histoire. Jamais, dans le capitalisme mondial, des entreprises privées n'ont compté autant de clients ou de fidèles conscients ou inconscients dans le monde entier. Et il reste de nouveaux territoires à conquérir, puisque le monde ne compte encore « que » 4,35 milliards de personnes ayant accès à Internet, pour une population totale de 7,7 milliards…

Ce n'est qu'au cours de ces dernières années que des philosophes, des sociologues, des médecins ont commencé à s'interroger sur les effets de cette emprise de la technologie. Le premier d'entre eux est radical : la fin de la vie privée. Cet espace que l'homme a conquis de haute lutte au cours des siècles précédents, à l'abri des regards du voisin, du prêtre, du gendarme ou du seigneur, a été piétiné et dévasté. Il n'en reste pratiquement plus rien. On ne parle pas seulement ici de nos habitudes de consommation, de nos navigations sur Internet sur tel ou tel site marchand, qui sont depuis longtemps scrutées à des fins publicitaires. Mais des opinions, des lectures, des modes de vie, des conversations sur les réseaux, des déplacements qui font aussi l'objet d'analyses, sont sources de revenus pour les grands opérateurs des réseaux sociaux et permettent aux autorités d'exercer une surveillance sans limite sur les citoyens. Durant la crise du coronavirus qui a éclaté en Chine en janvier 2020, on se souvient que les autorités chinoises avaient décidé de placer la ville de Wuhan en quarantaine. Mais le temps que les mécanismes de contrôle se mettent en place, plusieurs milliers d'habitants avaient déjà quitté la ville. Ils ont été retrouvés presque un à un, grâce aux caméras de surveillance contrôlant les plaques d'immatriculation des véhicules, à la reconnaissance faciale et à divers autres outils de traçage et de surveillance.

Ces dispositifs se généralisent et il y a fort à parier que la reconnaissance faciale devienne la technologie reine en matière de surveillance des populations, d'identification des individus à risque, mais aussi de contrôle des allées et venues des uns et des autres. En Grande-Bretagne, se développe un projet assez radical, permettant de suivre les mouvements de toutes les personnes qui, à un titre ou à un autre, se trouvent fichées par la police, même si elles ne font l'objet d'aucune enquête ou d'aucune poursuite judiciaire. Et ce sont des entreprises chinoises qui ont toutes les chances d'imposer leurs propres standards technologiques[1]. Elles sont à la manœuvre dans le monde entier, et notamment en Afrique et en Asie, depuis l'Angola jusqu'à Singapour, de l'Afrique du Sud à la Russie et au Zimbabwe. L'objectif des Titans chinois de la Tech est d'être à l'origine de la création des standards internationaux, dans une technologie structurante qui constitue une plate-forme de développement très puissante pour l'intelligence artificielle.

Dans un autre domaine, celui de la surveillance des opinions politiques, l'affaire Cambridge Analytica, qui a éclaté en mars 2018, a constitué un tournant. Cette entreprise américaine, proche du parti républicain, avait vu le jour en 2014 sur la promesse de créer des outils nouveaux permettant d'identifier des profils d'électeurs américains afin d'influencer leur comportement. Mais elle ne disposait pas de données suffisantes, jusqu'à ce qu'elle décide de les récolter dans les comptes

1. « Chinese Tech Groups Shaping UN Facial Recognition Standards », *The Financial Times*, 1er décembre 2019.

Facebook de quelque 50 millions d'utilisateurs sans leur demander leur avis. L'objectif était non seulement de fournir des informations précieuses aux équipes de Donald Trump, mais aussi de favoriser un changement culturel des électeurs américains au profit des thèses défendues par les Républicains. Bref, de lire dans le cerveau des citoyens mais aussi de le reformater. Cette affaire a eu d'autant plus de retentissement qu'elle a été portée à la connaissance du public quasiment au même moment où l'on apprenait l'ampleur des interventions de trolls russes dans la campagne de Donald Trump, une opération dans laquelle Facebook a joué aussi, à son corps défendant, un rôle central. Le site a abrité pendant des mois de faux profils, de fausses publicités dans le but de faire gagner des électeurs à Donald Trump ou de décourager ceux qui voulaient voter pour Hillary Clinton.

Ces affaires (mais aussi la campagne pour le Brexit au Royaume-Uni en 2016) ont créé un choc en démontrant qu'il était possible, à grande échelle et depuis un pays étranger, de dévoyer une campagne électorale, d'influer sur le résultat d'un vote, donc de vider de sa substance l'ensemble d'un processus démocratique. Et rien n'indique que ce phénomène soit appelé à disparaître. Sans trop de crainte de se tromper, on peut prédire qu'il y aura encore des interventions de trolls russes ou d'autres nationalités lors de la prochaine élection présidentielle américaine, mais aussi lors de pratiquement toutes les élections dans le monde entier, puisque les outils sont connus, ils sont éprouvés, ont même été d'abord testés dans des pays tiers en Afrique ou en Asie et ont donné d'excellents résultats. Naturellement, ce sont les réélections qui sont les plus propices aux manipulations et dévoiements : c'est là qu'il faut donner le moins d'espace possible à l'imprévu afin de pouvoir sécuriser le second mandat.

Les réseaux sociaux, et en particulier Facebook, ne se sont pas créés pour influer sur le processus démocratique d'un pays. Mais en privilégiant une stratégie de collecte massive de données, en multipliant les services aux utilisateurs, en élargissant considérablement leur base d'abonnés, ils livrent aux hackers un outil idéal, trop facile à piéger. D'autant que Facebook ne s'est jamais départi d'une stratégie de « neutralité » par rapport à la nature des contenus que le site abrite : il n'appartient pas au réseau social de vérifier la véracité des informations qu'il véhicule, même s'il s'agit de publicités politiques.

Et puisqu'il devient de plus en plus difficile de trier le vrai du faux, que le temps manque pour se consacrer à ce travail, les vérités deviennent relatives. La Rand Corporation, organisme de recherche américain, dont il n'est pas besoin de souligner la réputation, a publié à ce sujet, en

2018, un rapport très documenté[1] montrant cette « décomposition » de la vérité dans la vie publique américaine. Elle l'attribue à un ensemble de causes : un désaccord croissant sur les faits, leur interprétation et leur analyse. Ainsi, alors que les statistiques du Département de la Justice indiquent que la criminalité aux États-Unis diminue depuis 1973, les sondages soulignent au contraire que les Américains estiment que le nombre de crimes augmente ; un effacement de la différence entre l'opinion et le fait, y compris dans les grands médias et sur les chaînes d'information en continu, où une partie importante de l'antenne est construite autour de débats et de commentaires ; le volume de plus en plus important des opinions et expériences personnelles qui l'emportent sur les faits (le fait que l'immigration illégale diminue aux États-Unis est contrebattu par des commentaires, des anecdotes, des conversations sur les réseaux sociaux qui proclament le contraire, sur la base d'observations personnelles) ; une confiance déclinante dans des sources d'informations factuelles auparavant respectées (selon l'institut Gallup, la confiance des Américains dans le Congrès est passée de 40 % en 1973 à 12 %

1. Jennifer Kavanagh et Michael D. Rich, *Truth Decay: An Initial Exploration of the Diminishing Role of Facts and Analysis in American Public Life*, Rand Corporation, 2018.

aujourd'hui, celle dans la presse de 50 à 30 %). Cette décomposition progressive de la confiance dans les institutions est un effet secondaire de la multiplication des sources d'information sur Internet et les réseaux sociaux. Il est plus facile d'adopter le point de vue de quelqu'un qui pense comme soi-même que d'échanger des arguments avec une personne qui est en désaccord. C'est ainsi que naissent les complots et autres *fake news*. « Les faits ne pénètrent pas dans le monde où vivent nos croyances [...] ; ils peuvent leur infliger les plus constants démentis sans les affaiblir [...] », écrivait déjà Marcel Proust.

« Le conspirationnisme désigne moins, en pratique, l'adhésion à un scénario alternatif bien précis que l'obstination à tenir la connaissance commune que nous pouvons avoir d'un phénomène ou d'un événement pour "mensongère". Il rabaisse la réalité factuelle au niveau de l'opinion, la transformant en une "thèse" ou "version" sujette à caution », écrit Rudy Reichstadt dans le livre qu'il a consacré à ce sujet[1]. À l'image de ce joueur de basket américain qui prétendait détenir la preuve que la Terre était plate et qui, le jour où il a confessé publiquement son erreur, s'est fait éreinter sur les réseaux sociaux pour sa participation au « complot » de ceux qui affirment que la Terre est ronde.

1. Rudy Reichstadt, *L'Opium des imbéciles*, Grasset, 2019.

Mais pour parvenir à ce point d'indifférence à la vérité, il faut une conjonction d'éléments qui sont aujourd'hui réunis pour la première fois dans l'histoire des sociétés modernes : un temps d'attention de plus en plus limité accordé par les citoyens à l'information « sérieuse » (les ingénieurs de Google ont établi que la durée maximale de l'attention d'un poisson rouge était de 8 secondes, celle des « millenials » sur leurs écrans connectés de 9 secondes...)[1] ; une utilisation industrielle du mensonge par un certain nombre de dirigeants pour justifier leurs thèses et asseoir leur pouvoir ; des moyens technologiques qui peuvent répandre le poison du mensonge à la terre entière, sans filtres ou presque, mais aussi fabriquer de faux messages ayant toutes les apparences de vrais, ce que les experts nomment le *deep fake*. Il sera bientôt impossible de faire la différence entre une fausse interview télévisée d'un responsable politique et une conversation authentique, ce qui ouvre aux faussaires des perspectives inédites. Une étude réalisée en 2018 par la société de relations publiques Edelman, portant sur 33 000 personnes dans 28 pays différents, montre que 63 % des personnes interrogées estiment n'avoir plus les moyens de faire la différence entre une *fake news* et un vrai travail de journaliste.

1. Bruno Patino, *La Civilisation du poisson rouge*, Grasset, 2019.

Lors d'un débat organisé par le journal *Le Monde*, en octobre 2019, sur le thème « La démocratie a-t-elle encore un avenir ? », le politiste Dominique Reynié assène d'emblée : « Nous sommes dans un cycle historique où il est possible de faire sérieusement l'hypothèse d'une sortie du mouvement démocratique. » Au cours de la discussion, la psychanalyste Cynthia Fleury renchérit en évoquant « le grand retour liberticide d'une grande société de surveillance » ou encore « l'autonomisation de la sphère financière par rapport à la sphère politique »[1]. Elle aurait pu ajouter aussi l'autonomisation du mensonge dans le débat public.

La peur de nouvelles formes d'esclavage

Dans la Grèce antique, l'esclavage était généralisé, en particulier dans l'agriculture, les mines et les carrières mais aussi dans le travail domestique et le commerce. Bien que le recensement de cette population soit difficile, certains historiens ont évalué à plus de 200 000 le nombre d'esclaves dans la seule cité d'Athènes entre les VIe et Ve siècles avant J.-C. À dire vrai, Athènes, à cette période, comptait beaucoup plus d'esclaves que de citoyens. Posséder

1. « Doit-on envisager un monde sans démocratie ? », *Le Monde*, 11 octobre 2019.

des esclaves était un marqueur social, et la majorité des Athéniens étaient propriétaires d'au moins un esclave. Aux citoyens, la politique et la direction de la Cité, aux esclaves l'ensemble des activités productives et domestiques. Il existait certes des formes très différenciées de travail obligatoire, comme l'écrit Paulin Ismard, mais « c'est dans le monde des cités grecques puis sous l'Empire romain que le recours à l'esclavage a pris une dimension jusqu'alors inconnue[1] ». L'esclavage n'était pas, comme à l'époque du commerce triangulaire aux XVIIIe et XIXe siècles, concentré sur quelques types d'activités, mais était partie intégrante du système économique. Tout rapprochement avec la période actuelle semble donc inopportun. L'esclavage est désormais proscrit.

Pourtant, en y regardant de plus près, cette affirmation mérite d'être nuancée. Les études menées par l'Organisation internationale du travail montrent que 40 millions d'êtres humains sont aujourd'hui concernés par les formes modernes de l'esclavage, dont 25 millions au titre du travail forcé et environ 20 millions par le biais de mariages forcés. Et selon l'Unicef, 168 millions d'enfants entre 5 et 14 ans seraient obligés de travailler. Rappelons qu'entre 1450 et 1870, environ 9 millions d'Africains furent tenus en esclavage en Europe et en

1. Paulin Ismard, *La Cité et ses esclaves*, Seuil, 2019.

Amérique du Nord. L'esclavage moderne est le plus répandu en Afrique et en Asie-Pacifique, notamment en Inde qui compterait environ 8 millions d'êtres humains forcés à travailler sous des formes diverses, en particulier pour rembourser des dettes.

Il n'est pas exagéré d'affirmer que le déploiement des nouvelles technologies, et en particulier de l'intelligence artificielle, mais aussi le creusement des inégalités de par le monde, est en train de réveiller cette vieille crainte. Il ne s'agit pas de prétendre que le travail forcé serait en passe de se développer à nouveau dans les sociétés développées, mais on pointe néanmoins les signes de nouvelles formes d'asservissement au travail qui suscitent un certain nombre d'inquiétudes. Elles concernent notamment les nouvelles plates-formes de services comme Uber ou Deliveroo. Dans un éditorial du journal *Libération*, Alexandra Schwartzbrod, directrice adjointe de la rédaction, écrivait, en août 2019 : « Les livreurs de plates-formes comme Uber, Frichti, Deliveroo, en ont assez d'être les esclaves de la nouvelle économie[1]. » Le mot est lâché… Même si ces livreurs tentent de résister, comme ce fut le cas à l'été 2019 en France, lorsque Deliveroo a décidé de supprimer le tarif minimum de livraison (4 euros), le combat est inégal, puisque l'offre de « travail » de ces plates-formes est axée vers les

1. *Libération*, 7 août 2019.

populations les plus fragiles, sans emploi et sans formation, pour qui livrer des repas est parfois une question de survie économique. Cela crée de fait un asservissement des « salariés » au travers de la précarité de leur situation. Ces plates-formes mettent à profit le taux élevé de chômage chez les jeunes, dans un certain nombre de pays, pour s'affranchir des normes sociales habituelles et tirer à la baisse les rémunérations. Et le niveau de protection sociale. Cette nouvelle main-d'œuvre n'est rien de moins que la réapparition du tâcheronnat du XIXe siècle, pour la sociologue Dominique Meda, spécialiste du monde du travail, qui vient de consacrer un livre aux « travailleurs » des plates-formes et pour qui les idéaux de « l'économie du partage » ont favorisé plutôt une nouvelle forme de « capitalisme avancé »[1] .

On peut voir dans ces nouvelles formes de travail un progrès dans la mesure où la dérégulation multiplie les opportunités de trouver un emploi. Mais la prolifération de ces emplois sous-qualifiés, mal protégés, et peu rémunérés participe aussi de la fragmentation du monde du travail, favorisée justement par ce capitalisme avancé, poussant jusqu'au bout les thèses de Hayek sur le néolibéralisme. La peur du déclassement social est aujourd'hui

1. Dominique Meda et Sonia Abdelnour (dir.), *Les Nouveaux Travailleurs des applis*, PUF, 2019.

largement partagée dans les sociétés développées. Il est inutile de rappeler qu'elle a nourri le mouvement des gilets jaunes en France, mais aussi des révoltes populaires dans d'autres pays du monde. Elle participe de ce sentiment d'apesanteur dans lequel se trouvent beaucoup de salariés incertains de leur avenir et qui voient le fossé se creuser entre ceux qui participent du « système » et ceux qui, faute de formation suffisante, seront condamnés à vivre en marge dans une précarité grandissante.

L'intelligence artificielle est au cœur du nouveau capitalisme. Elle irriguera toutes les activités, sera au cœur du fonctionnement des entreprises, des institutions, des villes, de la médecine, des loisirs et même de la création. Elle n'est pas une nouvelle technologie mais une vague montante dont on aperçoit aujourd'hui la puissance et surtout la vitesse de déploiement. La machine intelligente n'est plus de l'ordre du fantasme ou de la fiction hollywoodienne. Elle sera demain une réalité. Une étude réalisée en 2018 par le groupe de conseil Roland Berger montrait que plus de 3 500 start-up dans le monde travaillent sur des sujets d'intelligence artificielle et que 70 % d'entre elles développent des outils et des applications pour les entreprises. Dans les dix ans qui viennent, le marché de l'IA représentera 200 milliards de dollars. Les machines seront tôt ou tard capables de parler, de raisonner, d'émettre des jugements, de prendre des décisions. Les entreprises vont revêtir des formes nouvelles, l'ensemble des fonctions autrefois exercées par des humains devront faire l'objet de nouvelles descriptions. On verra apparaître des « salariés augmentés », grâce aux intelligences artificielles portatives.

Encore une situation d'apesanteur. Qui sera le maître et qui sera l'esclave ? Quelles conséquences pour la vie sociale si, comme c'est prévisible, des centaines de milliers d'emplois disparaissent dans les années qui viennent ? Il suffit d'observer l'industrie bancaire, une pionnière dans la mise en œuvre des nouvelles technologies et de l'intelligence artificielle. Au cours de l'année 2019, une dizaine de banques européennes ont annoncé près de 50 000 suppressions d'emplois. Aux États-Unis, où les banques investissent environ 150 milliards de dollars par an dans les technologies, les suppressions d'emplois sont évaluées à 200 000 au cours des dix ans qui viennent, soit environ 10 % de leurs effectifs. Encore ne s'agit-il que d'évaluations, car les progrès de l'intelligence artificielle vont être si rapides qu'elle irriguera l'ensemble des activités financières. Dès aujourd'hui, l'automatisation gagne les fonctions de back-office, les agences, les centres d'appels, mais aussi les activités de trading et d'investissement. Autrement dit, le jour se rapproche où l'individu sera confronté à une énorme machine lorsqu'il voudra entrer en contact avec sa banque. Seuls les très riches continueront de bénéficier de services d'assistance et de conseils personnels.

Sentiment de dépossession aussi dans le domaine de la justice. Jusqu'à maintenant l'acte de rendre justice, un pilier de nos sociétés démocratiques, était encore largement une affaire d'êtres humains : des magistrats face à des justiciables, des avocats plaidant la cause de leurs clients laissant aux juges une marge d'appréciation dans leurs décisions, en fonction du droit certes, mais aussi de considérations humaines. Mais déjà apparaissent des risques d'automaticité des décisions, notamment dans la justice d'affaires où, grâce à l'intelligence artificielle, il est possible de traiter l'ensemble des décisions des différentes cours afin de faire en sorte qu'à situations comparables, les décisions rendues par les tribunaux soient identiques. La plaidoirie deviendrait inutile, les juges devraient se référer à une banque de données de décisions, ce qui entraverait leur libre arbitre. Simplification de la justice, économie de moyens, avancent les défenseurs de ces réformes ; atteinte aux libertés fondamentales, répondent ceux qui y sont opposés, dont de nombreux avocats.

D'où le malaise d'un nombre croissant de citoyens face à des processus qui reviennent, à la fin des fins, à rogner leur liberté ou en tout cas à la placer sous surveillance. Destiné à l'origine à poursuivre ou à anticiper crimes et délits, l'usage de ces outils s'élargit dangereusement à la société civile, participant à ce sentiment d'asservissement aux machines, au travail, dans la rue, à la maison, dans les actes quotidiens de consommation et de déplacement.

De nouvelles contraintes surgissent de toutes parts : s'adapter au temps accéléré, rejoindre la catégorie des « vainqueurs » et y rester, vivre sous surveillance, produire des « résultats », dans tous les domaines, accepter le risque des disruptions professionnelles, répondre aux angoisses des jeunes générations sur leur avenir et sur celui de la planète, dans un contexte où les Titans sont maîtres du jeu et imposent leurs lois. Le statut d'« homme libre » de ses choix, de ses opinions, de son rapport à la société et au monde est progressivement remis en cause. La technologie impose à l'homme un cadre, dans lequel il est censé se comporter selon des modèles prédictifs élaborés par des algorithmes, et qui produisent des addictions plutôt que du libre arbitre. Or, l'homme est un être biologique lent, qui a besoin de temps pour réfléchir et trouver sa place dans le monde. Cette loi fondamentale lui est de plus en plus déniée.

La tentation de la virtualité et des paradis artificiels

Un monde de fiction… C'est ce vers quoi nous sommes irrémédiablement attirés. Les Titans populistes ou autoritaires en produisent au kilomètre. Ils réécrivent l'histoire, comme Vladimir Poutine sur la Seconde Guerre mondiale. Ils créent la fiction du repli sur soi et sur ses origines ethniques ou culturelles, comme aux États-Unis ou dans un certain nombre de pays européens. Ils créent la fiction que la démocratie est un système politique dépassé et ils y parviennent puisque selon l'ONG américaine Freedom House, la démocratie a reculé dans le monde depuis une dizaine d'années, notamment avec les évolutions politiques que connaissent la Russie ou la Turquie. Ce sont des fictions simplificatrices qui consistent à refuser les nouvelles complexités du monde en faisant croire qu'elles sont évitables, qu'on peut les contourner ou les nier par des exploitations radicales de notions comme la nation, l'origine ethnique, la religion, l'histoire. Ces fictions sont rassurantes et c'est la raison pour laquelle elles se diffusent si aisément.

Les Titans technologiques créent d'autres types de légendes : celle d'un monde propre, efficace, où il n'y a que des gagnants ; celle d'un univers où tout est disponible pour tous, un âge d'or de la consommation dans lequel les technologies résoudront tous les problèmes : la pauvreté, le dérèglement climatique, la dégradation du lien social, la solitude, la faim… Ils créent un monde virtuel pour faire oublier que leur objectif ultime est de transformer ces légendes en espèces sonnantes et trébuchantes pour eux-mêmes, par une course effrénée à la puissance et au contrôle des activités humaines. Mais pour le faire oublier, ils dispensent sur la planète toutes sortes d'élixirs. Pourquoi les hommes ne seraient-ils pas tentés par les ivresses qu'on leur propose ? Au XIXe siècle, les Occidentaux ont noyé la Chine dans un océan d'opium pour que les Chinois oublient leur sort et pour annihiler leur capacité de résistance face à l'arrivée des nouveaux conquérants. Aujourd'hui, les humains ont à leur disposition un vaste choix de produits opiacés, au sens propre comme au sens figuré.

Plus de 180 millions de personnes ont déjà succombé à Netflix. C'est 140 millions de plus qu'en 2013. Un rythme de conquête unique dans le monde de la télévision. Créée en 1997, l'entreprise a commencé par distribuer des DVD avant de migrer à peine dix ans plus tard vers la vidéo à la demande (VOD). Sa stratégie : noyer l'abonné sous une offre pléthorique, utiliser l'intelligence artificielle pour anticiper les attentes des abonnés et leur proposer les films et séries qui seront en phase avec ce qu'ils aiment regarder habituellement, en fonction des jours de la semaine et des heures de la journée. À partir de 2010, Netflix se déploie dans le monde entier. Elle a progressivement étendu son offre en acquérant les droits d'exploitation de séries à succès comme *Star Trek* et *Friends*, avant de produire ses propres séries, comme *Narcos*, et ses propres films, suscitant l'ire des professionnels du cinéma de Hollywood.

Depuis quelques années, la stratégie de Netflix est de produire des séries « nationales » censées répondre aux attentes locales des spectateurs, comme *Marseille* en France, *Casa de Papel* en Espagne ou *The Naked Director* au Japon, qui raconte l'essor du cinéma porno dans le Japon des années 80. Netflix prépare même une série, tournée en France, censée être une version « fantastique et alternative » de la Révolution française, dans laquelle un mystérieux virus, « le Sang bleu », se propage dans l'aristocratie et la pousse à attaquer le peuple. En 2019, la société américaine a produit sa première série africaine, *Queen Sono*, une histoire d'espionnage dont le rôle-titre est tenu par l'actrice sud-africaine Pearl Thusi.

Mais en dépit de ces « produits d'appel » que constituent les quelques metteurs en scène d'envergure internationale dont elle s'est assuré la collaboration, Netflix n'est pas une chaîne culturelle. Elle vise à fidéliser le plus grand nombre possible de spectateurs autour de productions très grand public, dont beaucoup sont de piètre qualité. Mais la diversité de l'offre et sa facilité d'accès (un abonnement mensuel, un simple clic et des milliers de productions disponibles) ont créé un nouveau marché dans un secteur où la télévision et le cinéma régnaient en maîtres. La télécommande devient obsolète, consulter les programmes de télévision est un réflexe d'un autre âge. Le succès de Netflix est tel que d'autres acteurs ont décidé de pénétrer sur son territoire, et notamment Disney, qui a lancé en 2019 son propre bouquet de VOD, Disney+ : 57 millions d'abonnés dans le monde entre novembre 2019 et juin 2020. iQiyi, filiale de Baidu, l'équivalent chinois de Google, revendique plus de 100 millions d'abonnés et se veut lui aussi un rival de Netflix… Toutes ces plates-formes visent un déploiement mondial, même celles qui ont été créées en Chine. Elles déstabilisent le marché de la télévision avec des contenus de très large audience. En France, TF1, M6 et France Télévisions ont créé une plate-forme commune, Salto, avec des contenus propres et des créations inédites. L'investissement annoncé est de 50 millions d'euros, alors que Netflix, à lui seul, investit entre 7 et 8 milliards de dollars par an dans la création de nouveaux contenus. L'apparition de Netflix appartient donc à ces phénomènes dits de « rupture ». Comme d'autres industries traditionnelles, le cinéma est confronté à un concurrent venu de la Silicon Valley, sans historique dans la production cinématographique. Il attire désormais de plus en plus de talents comme Alfonso Cuarón (auteur de *Roma*, primé à la Mostra de Venise), Paul Greengrass (*Un 22 juillet*, qui retrace l'attentat commis en Norvège en 2011), les frères Coen (*La Ballade de Buster Scruggs*, un western illustrant l'histoire de l'Ouest américain de façon très décalée) ou Martin Scorsese (*The Irishman*, qui rassemble Robert De Niro, Al Pacino, Harvey Keitel et Joe Pesci autour d'une histoire de mafieux et qui a été visionné par 17 millions de spectateurs en cinq jours, un record dans l'histoire du cinéma).

Selon la firme américaine de recherche ABI Research, le marché mondial de la vidéo à la demande pourrait atteindre plus de 200 milliards de dollars d'ici 2024. Le développement très rapide de ces nouvelles offres s'explique en partie par la passivité de plus en plus grande des spectateurs. Choisir un programme de télévision semble un effort hors de portée. Se rendre dans une salle de cinéma représente un effort encore plus grand. Alors que Hollywood cherche à séduire des communautés de spectateurs, les plates-formes de vidéo à la demande entretiennent un lien individuel avec leurs abonnés. Cependant, même si leurs offres apparaissent comme très diversifiées, leurs algorithmes façonnent le goût des spectateurs en privilégiant les contenus auxquels ils sont habitués, réduisant ainsi la palette de choix. Netflix considère avoir comme seul client l'intelligence artificielle qui lui dit ce qui intéresse les abonnés, ce qu'il faut pousser, montrer ou ne pas montrer…

Voici peu, la BBC a même réalisé une expérience singulière : elle a diffusé un documentaire sur le succès d'Instagram, mais en le faisant précéder d'un questionnaire auprès des téléspectateurs dans lequel ils indiquaient les questions qu'ils se posaient sur ce réseau social, ce qui leur permettait de visionner une version du documentaire correspondant à leurs attentes. Un premier pas vers une individualisation des programmes, en fonction des données personnelles collectées par les diffuseurs… La crise du Covid-19 a encore accentué la « Netflix addiction ». Il est probable d'ailleurs que la firme américaine ait lancé l'écriture de scénarios sur cette période et qu'elle fera son miel de la fiction-réalité. La vie réelle pourrait être aussi vécue comme si l'on était dans une fiction, comme si les gilets jaunes, par exemple, n'avaient manifesté dans les rues que pour se voir filmés par les chaînes de télévision, devenant ainsi les héros d'une nouvelle forme de téléréalité.

Et si l'on est fatigué de regarder des films et des vidéos à jet continu, une autre activité nous ouvre grand les bras : le jeu. Minecraft, l'un des jeux les plus populaires au monde, propriété de Microsoft, s'est vendu à plus de 160 millions d'exemplaires, dix ans après sa création par un développeur suédois. Fortnite compte 350 millions de joueurs inscrits et rassemble, lors de ses pics de fréquentation, plus de 12 millions de joueurs connectés simultanément. Douyou, la plate-forme de streaming de jeux vidéo fondée par Tencent, compte 160 millions d'utilisateurs actifs et vise une introduction à la bourse de New York où elle espère lever 500 millions de dollars. En Chine, plus de 20 millions de joueurs passent en moyenne plus de 10 heures par semaine sur leur console, au point que les autorités (qui ont injecté 1,8 milliard d'euros dans le développement d'une industrie chinoise du jeu vidéo) ont décidé d'interdire aux mineurs de jouer à des jeux où l'objectif est de tuer l'autre par l'intermédiaire du réseau. La tendance est à ce que les experts appellent la « gamification ». Tout doit être un jeu, ou construit comme un jeu, les relations dans l'entreprise, les interactions sociales, et même les rapports amoureux, puisque l'une des raisons qui expliquent l'incroyable succès de l'application de rencontres Tinder est justement sa façon de faire jouer ses utilisateurs.

Cette soif de paradis artificiels, d'univers virtuels, peut prendre cependant des allures beaucoup plus préoccupantes. Depuis quelques années, la diffusion de drogues dures augmente considérablement. Selon le rapport 2018 de l'Office des Nations unies contre les drogues et le crime (UNODC), la fabrication mondiale de cocaïne en 2016 a culminé à un niveau jamais atteint (1 410 tonnes). De 2016 à 2017, la production mondiale d'opium a bondi de 65 % pour atteindre 10 500 tonnes, l'estimation la plus élevée depuis le début de la surveillance de la production mondiale d'opium, voici une vingtaine d'années. Ce sont 275 millions de personnes dans le monde qui consomment de la drogue au moins une fois par an, soit 5,6 % de la population mondiale. À lui seul, le cannabis compte plus de 160 millions de consommateurs (66 000 tonnes consommées en 2018 contre 40 000 en 2003). Les drogues illicites ne sont d'ailleurs pas les seules en cause. L'usage non médical de médicaments délivrés sur ordonnance (Fentanyl, Tramadol, OxyContin…) est en passe de devenir une menace majeure pour la santé publique, notamment en Amérique du Nord.

Les États-Unis sont plongés dans une « crise des opiacés » qui aurait provoqué, entre 1999 et 2017, plus de 400 000 décès par overdose de consommation de médicaments antidouleur. L'industrie pharmaceutique américaine a inondé le pays de pilules : 76 milliards entre 2006 et 2012, selon des statistiques de la DEA (Drug Enforcement Administration), dont 12,6 milliards pour la seule année 2012, alors que les ventes annuelles de morphine culminent à 500 millions de doses environ. Ni l'industrie pharmaceutique, ni la DEA, ni le FBI n'ont paru s'émouvoir de ces quantités d'opiacés consommées, pourtant anormalement élevées. Ce sont les familles des victimes d'overdose qui ont sonné l'alarme en portant plainte contre un certain nombre de laboratoires. En septembre 2019, la société Purdu Pharma, fabricant de l'OxyContin, a dû se déclarer en faillite afin d'échapper aux milliers de plaintes dont elle est l'objet et qui pourraient lui coûter plus de 10 milliards de dollars. Cette surconsommation d'opiacés serait même à l'origine de la baisse de l'espérance de vie des Américains, qui est passée en moyenne de 78,9 ans en 2014 à 78,6 ans en 2017, trois ans et demi de moins qu'au Canada. Ce n'est pas le moindre des paradoxes d'un pays qui par ailleurs consacre autant d'argent aux recherches sur l'immortalité et le transhumanisme.

Incohérences du monde

Se réfugier dans le monde virtuel, c'est exprimer son incompréhension du monde réel, oublier les dangers qu'il recèle, faire de la cellule individuelle une sorte de place forte permettant d'ignorer, au moins pendant un certain temps, les déséquilibres et les paradoxes auxquels nous sommes tous confrontés. L'être humain a besoin d'une raison de vivre. Il doit avoir le sentiment de se rendre utile au monde. Même lorsque l'on est un consommateur modéré des médias, quel spectacle nous offre le monde réel aujourd'hui ? Une longue série d'images incohérentes, qui nourrissent chaque jour cette impression de vivre dans le meilleur et le pire des mondes. Avant même que survienne l'épidémie du coronavirus, nous avions pu tous observer un certain nombre de faits, de chiffres, d'événements qui exprimaient, mieux que de longs discours, quelques-unes des contradictions du monde dans lequel nous étions déjà entrés. L'épidémie en constitue naturellement le point d'orgue. En voici une liste, naturellement non exhaustive, et que l'on pourrait allonger à l'infini :

– Augmentation record des températures enregistrées sur la terre en juillet 2019, à 0,95 °C de plus que la moyenne du XXe siècle. De 2015 à 2019, les mois de juillet ont été les plus chauds jamais mesurés. Et le mois de janvier 2020 a été le plus chaud jamais enregistré sur la planète.

– 500 millions de personnes dans le monde habitent désormais dans des régions en cours de désertification. En mai 2019, un rapport de l'Académie américaine des sciences indiquait que si rien n'est fait pour inverser la courbe des émissions de gaz à effet de serre, le niveau des océans aura monté de deux mètres en 2100, menaçant de submersion des villes comme Shanghai, Osaka, Tokyo, Bangkok, Miami, New York, Los Angeles, Rio, Le Cap, Abidjan, Lagos.

– Entre 25 et 30 % de la production de denrées alimentaires dans le monde est perdue ou gaspillée chaque année selon un rapport du GIEC.

– 4,2 milliards d'êtres humains habitent aujourd'hui dans les villes, une population qui pourrait s'accroître de 2,5 milliards d'individus d'ici 2050, selon l'ONU.

– Les trois personnes les plus riches du monde, Jeff Bezos (Amazon), Bernard Arnault (LVMH) et Bill Gates (Microsoft), ont accumulé une fortune combinée de 287 milliards de dollars, soit presque l'équivalent du PIB de l'Égypte.

– Près d'un habitant de la planète sur deux vit avec moins de 5 dollars par jour, selon la Banque mondiale.

– Record de dividendes versés en 2019 par les 1 200 premières entreprises mondiales, à 1 430 milliards de dollars.

– Cette même année, les dépenses militaires dans le monde ont atteint 1 800 milliards de dollars, 300 milliards de plus que dans les dernières années de la guerre froide.

– Pour la première fois dans l'histoire de l'Union européenne, un membre historique l'a quittée, fragilisant encore un peu plus aux yeux du monde le « modèle européen ».

– Les investissements de la Chine dans la production de charbon ont augmenté de 20 % entre 2018 et 2019, sous l'impact des risques d'un conflit commercial global avec l'Occident, ses principaux fournisseurs étant le Canada et l'Australie.

– Plus de 180 grands patrons américains, membres de la Business Roundtable, ont publié une déclaration solennelle indiquant que leur objectif désormais serait de créer de la valeur pour l'ensemble de leurs parties prenantes, clients, salariés, fournisseurs, communautés et actionnaires, et non plus seulement de maximiser les profits en faveur de ces derniers. Quelques jours avant cette déclaration, une étude de l'Economic Policy Institute montrait que les rémunérations des dirigeants d'entreprises américains avaient augmenté de 940 % depuis 1978, contre 12 % pour les salariés.

– Le gouvernement américain a annoncé un assouplissement majeur des réglementations concernant les espèces sauvages protégées ou menacées, y compris l'aigle à tête blanche, l'oiseau national des États-Unis depuis 1782, qui apparaît sur le sceau présidentiel.

– Selon un rapport de l'ONU, publié en 2019, 32 millions d'hectares de forêt primaires ont été détruits entre 2010 et 2015. Début 2019, les feux de forêt en Amazonie avaient augmenté de 83 %, tandis que la déforestation y progressait de 67 %, un record depuis 2013.

– La consommation d'énergie primaire dans le monde a progressé de 1,3 % l'année dernière (2019), et concerne à plus de 84 % les énergies fossiles, les énergies renouvelables ne comptant que pour 5 %[1]. Les consommations de pétrole, de gaz et de charbon continuaient d'augmenter avant la crise. L'année 2019 a marqué un nouveau record de consommation de pétrole : 100 millions de barils/jour (60 % de plus qu'en 1986)[2]. L'Agence internationale de l'énergie prévoit qu'au rythme actuel de consommation[3], la demande mondiale atteindra 121 millions de barils/jour en 2040[4]. La Russie vient de décider de mettre en œuvre le plus grand projet de développement pétrolier et gazier de son histoire, d'un montant de 230 milliards de dollars, dans la zone arctique, celle qui est précisément la plus menacée de l'hémisphère Nord par le réchauffement des températures. Les Émirats arabes unis, l'un des premiers producteurs mondiaux de pétrole, ont lancé un plan d'investissement de 45 milliards de dollars pour doubler leur capacité de raffinage. Or, pour

1. *BP Statistical Review of World Energy*, 69e édition, juin 2020.

2. Anjli Raval, « Can the World Kick its Oil Habits? » *The Financial Times*, 13 février 2020.

3. Revirement majeur pendant la crise, en avril 2020 l'Organisation des pays exportateurs de pétrole (OPEP) s'est alliée avec dix autres pays producteurs de pétrole afin de fixer des quotas de production réduits pour éviter que le prix du baril ne continue de chuter (Vincent Collen, *Les Échos*, 6 juin 2020).

4. Anjli Raval, *op. cit.*

limiter à moins de 2 °C l'augmentation des températures du globe, il faudrait que la consommation de pétrole ne dépasse pas 67 milliards de barils/jour en 2040[1], donc diviser par deux la consommation à cette date. Une fiction pour la plupart des experts.

– Pendant l'été 2019, quelques-uns des capitalistes les plus puissants du monde se sont retrouvés sur une île des Caraïbes, propriété du milliardaire britannique Richard Branson, pour évoquer la lutte contre le réchauffement climatique. Ils s'y sont rendus en jets privés…

– Les États-Unis se sont retirés du Traité sur les forces nucléaires à portée intermédiaire (FNI) conclu en 1987 entre Ronald Reagan et Mikhaïl Gorbatchev. En août, le Pentagone annonçait avoir procédé à un tir d'essai d'un missile qui a atteint sa cible après 500 kilomètres de vol et accuse Moscou d'avoir développé un missile de portée intermédiaire, le 9M729 « Novator », dont les performances seraient non conformes aux accords FNI. Les deux pays ont par ailleurs lancé un programme de développement de missiles intercontinentaux propulsés à l'énergie nucléaire, ce qui rendrait leur portée, en théorie, illimitée.

– Alors que la Russie et la Chine attendent avec impatience que le réchauffement climatique ouvre la route de l'Arctique à la navigation commerciale tout

1. *Ibid.*

au long de l'année, la Sibérie a connu en mai 2020 l'une de ses pires catastrophes écologiques, avec l'écoulement de 20 000 tonnes de fuel dans les eaux de la rivière Ambarnaïa, près de Norilsk, à la suite de l'effondrement de la cuve d'une centrale thermique. L'accident serait dû en partie au dégel progressif du permafrost, sur lequel repose l'essentiel des infrastructures gazières et pétrolières de la zone arctique russe et de la Sibérie du Nord.

Prises une à une, toutes ces informations recouvrent une anomalie, un danger, un non-sens isolé. Mais lorsqu'on les agrège, le monde apparaît comme une constellation de menaces. Immense richesse pour certains, pauvreté insupportable pour d'autres ; mépris de la nature et de l'environnement chez certains dont la mission serait de les protéger ; surpuissance d'acteurs économiques qui se prennent pour des États ; militarisation à outrance de la planète et de l'espace ; menaces à peine voilées de recours à l'arme nucléaire ; réchauffement inéluctable des températures, avec son cortège annoncé de catastrophes naturelles et humanitaires ; exploitation toujours à marche forcée du sous-sol ; appauvrissement des ressources naturelles alors que la population mondiale ne cesse d'augmenter. Certains jouent ou prennent de la marijuana et des opioïdes pour oublier tandis que d'autres luttent pour leur survie. Il suffirait d'agiter un peu brutalement ce cocktail détonant pour qu'il explose, que le monde soit submergé par un ensemble de catastrophes, naturelles ou créées par l'homme, ou encore qu'une grande régression s'organise. *The worst of times.*

Le Covid-19 est-il cet agent détonant ? Un explosif assez puissant pour modifier la marche du monde ? Un déluge moderne de nature à faire émerger un monde meilleur ? Ou au contraire, le signe avant-coureur de désastres encore plus radicaux ? La vérité est que personne ne le sait. La seule chose que l'on peut mesurer aujourd'hui, ce sont les conséquences économiques du confinement des populations, sans commune mesure avec le nombre de victimes dans le monde entier. En réalité, la crise du coronavirus n'a fait que révéler l'état du monde, tel que décrit dans cette première partie. En quelques mois, et en accéléré, nous avons expérimenté le monde qui vient. En dehors des périodes de guerre, jamais les comportements humains n'auront été à ce point mis à l'épreuve et les deux grandes tendances comportementales des êtres humains, théorisées par les Américains William Meckling et Michael Jensen, le modèle REMM (Resourceful, Evaluative, Maximizing Model), qui permet d'affronter la réalité, et le modèle PAM (Pain Avoidance Model), qui consiste à fuir les problèmes pour éviter de se confronter à la réalité, ne se seront autant révélées.

DEUXIÈME PARTIE

Le pangolin

« Je m'excuse d'avoir décrit le pangolin
comme ressemblant à un artichaut à l'envers prolongé
d'une queue à la vue de laquelle on se prend
à penser que le ridicule ne tue plus. »
PIERRE DESPROGES, 19 MARS 1986

1/

L'année du Rat de métal

« Nous sommes des rats dératés qui courent
dans tous les sens, des grelots déchaînés et sonores,
des pantins ivres d'eux-mêmes,
des nains aux rêves de géants. »
JEAN D'ORMESSON

2020 s'annonçait comme une année d'opulence, puisque placée sous le signe du Rat de métal dans l'astrologie chinoise. En Occident, on ne porte pas d'affection particulière aux muridés. Depuis le Moyen Âge, on les considère comme des destructeurs de récoltes et des propagateurs de maladies. En Asie, il en va tout autrement. En Inde, la religion hindouiste a fait du rat la monture de Ganesh, et on le respecte pour son ingéniosité et sa curiosité. En Chine, le rat est symbole de fortune. Il est un emblème de la culture chinoise. Dans l'astrologie de l'Empire du Milieu, chacun des douze animaux du signe du Zodiaque se combine avec les Cinq Éléments que sont le métal, le bois, l'eau, le feu et la terre, ce qui crée un cycle de soixante années différentes. On aura ainsi l'année du Bœuf d'eau, du Tigre de bois ou du Rat de métal. Ce dernier est un épicurien, il aime la nourriture abondante. Il est sûr de lui et déterminé, mais manque en général d'imagination et de sensibilité. Dans les temps anciens de la Chine, les poètes disaient qu'au printemps les rats et autres campagnols devenaient gros comme des cailles. L'influence croissante de l'énergie Yang aidant, ils passaient alors dans la catégorie des animaux positifs. Plus faciles à capturer que d'autres proies et moins chers en période de disette, on les accommodait aussi à toutes les sauces. Hélas, en fait d'opulence et de renouveau, c'est la dépression et le retour en arrière que le Rat de métal a apportés au monde. Le Rat a exprimé brutalement son côté sombre : il est, comme d'autres animaux sauvages vivant dans la proximité des humains, un maillon de la chaîne de propagation de virus mortels.

Décembre 2019. Au moment où la Chine se prépare à festoyer, une activité intense se déploie sur un marché en plein air de Wuhan, capitale de la province du Hubei. Ce n'est pas n'importe quelle ville en Chine. Wuhan s'appelle ainsi parce qu'elle est le fruit, en 1927, de la réunion de trois cités : Wuchang, Hankou et Hanyang, au confluent du fleuve Yang-Tsé (le fleuve Bleu) et de la rivière Han. Baptisée l'un des « trois fours de la Chine » en raison de la température étouffante qui y règne l'été, Wuhan est une cité qui compte dans l'histoire de l'Empire du Milieu. Hankou fut l'une des onze villes chinoises ouvertes aux étrangers lors de la signature des Traités inégaux, et abrite à partir de 1861 les concessions étrangères de la France, du Royaume-Uni, de la Russie, du Japon et de l'Allemagne. C'est à partir d'une révolte, initiée par Sun Yat-sen dans une caserne de Wuchang le 10 octobre 1911, que se déclenche la révolution chinoise qui entraîne la chute de la dynastie Qing et la fondation de la première République de Chine. En 1927, le Kuomintang installe sa capitale dans la nouvelle Wuhan, qui sera occupée par les troupes japonaises en 1938. Après la création de la République populaire en 1949, Mao fait de Wuhan un centre économique voué à l'industrie lourde. Et le 16 juillet 1966, le Grand Timonier, à l'âge de 72 ans, traverse le Yang-Tsé à la nage, à la brasse puis sur le dos, rapporte Radio Pékin, pour démontrer sa bonne forme physique, mais aussi pour accomplir un geste symbolique, cette traversée entre les deux rives du fleuve devenant une allégorie de la réunification de la Chine et de Taïwan.

On ne sait pas si les habitants de Wuhan ont en tête ces souvenirs glorieux lorsqu'en ce mois de décembre 2019 ils se pressent dans les allées du marché aux fruits de mer, à la recherche de mets précieux pour confectionner les nombreux repas de fête qui jalonnent traditionnellement les fêtes du Nouvel An chinois. À même le sol, dans des caisses en osier, sont entassés des animaux vivants et pour beaucoup, sauvages : serpents, chauves-souris, pangolins, blaireaux, civettes, rats, renards, porcs-épics, louveteaux… C'est un commerce souvent illégal, proscrit par les autorités, mais le respect des traditions, en cette période de fête, pousse au contournement des règles. Ce sont des préparations et des plats rares et chers qui sont confectionnés avec la chair de ces animaux. Ils sont dépecés sur place, alors qu'ils sont entourés d'un nuage de tiques et de moustiques, qu'ils se sont contaminés les uns les autres par leurs urines et leurs sécrétions.

On peut faire l'hypothèse, comme le propose l'un de nos meilleurs spécialistes des maladies infectieuses, le professeur Didier Sicard[1], que l'un de ces vendeurs se soit blessé à la main ou ait touché des urines contaminantes avant de porter la main à son visage, donnant ainsi le signal de départ à l'épidémie de Covid-19. Les clients du marché de Wuhan avaient probablement oublié que ce sont les animaux qui sont à l'origine de la plupart des crises épidémiques : le VIH, les grippes aviaires de type H5N1, Ebola… À elles seules, les chauves-souris sont porteuses d'une trentaine de coronavirus. « Lorsqu'elles sont accrochées dans les grottes et meurent, elles tombent par terre. Alors les serpents, les vipères en particulier, qui raffolent de leurs cadavres, les mangent. Elles sortent la nuit en quête

1. Entretien sur France Culture, 27 mars 2020.

de fruits, en particulier dans les bégoniacées, et dès qu'elles déglutissent, elles urinent. Elles vont donc contaminer les fruits de ces arbres et les civettes, qui adorent les mêmes fruits, se contaminent en les mangeant. Les fourmis participent aux agapes et les pangolins, pour lesquels la nourriture la plus recherchée est constituée de fourmis, les dévorent et s'infectent à leur tour », raconte encore Didier Sicard, qui plaide, dans l'indifférence générale, pour que l'on consacre beaucoup plus d'argent à la recherche sur les circuits de contamination animale.

Autrefois, ces animaux vivaient loin des hommes. Mais voici que l'on déforeste à tout-va, que l'on construit des lignes de chemin de fer, des gares, parfois des villes entières dans la jungle, sans précautions sanitaires. Ces nouvelles routes de la soie qui courent à travers le Laos, la Thaïlande ou la Malaisie, conduisent tout droit en Chine, puisque c'est elle qui les construit. Ainsi, les humains s'approchent de plus en plus des grottes des chauves-souris, qui constituent un aliment très recherché. Or, pour « remédier » à la destruction des arbres de la forêt, ils construisent des parcs d'arbres à fruits près de ces grottes, se rapprochant ainsi de zones de réservoirs de virus très dangereuses.

Mais sur le marché aux fruits de mer de Wuhan, on ne connaît pas le professeur Sicard et l'on dépèce le pangolin et la chauve-souris parce que c'est la fête. En quelques semaines, après les premières manifestations de la maladie, plus de 3 milliards d'habitants de la planète, dans près de quatre-vingts pays, vont rester confinés chez eux, une première dans l'histoire de l'humanité. Fin août[1], on dénombre plus de 23 millions de cas et plus de 800 000 morts, dont près d'un quart aux États-Unis, et plus de 5 millions de malades. L'économie mondiale a été à l'arrêt pendant trois mois au moins. Les économistes se pressent sur les plateaux de télévision pour tenter d'évaluer l'ampleur des dégâts. Pire que la crise de 1929 ? Ou que celle de 2008 ? Ou pire encore que toutes les récessions que l'on a connues dans l'histoire ? Combien de dizaines de millions de chômeurs en plus ? Comment les pays les plus pauvres vont-ils pouvoir s'en sortir ? Les dirigeants politiques ont été plongés dans des interrogations abyssales : que fallait-il sauver en priorité, la santé des hommes ou celle des affaires ? Des lignes de fracture sont apparues : les tenants du capitalisme pur et dur, comme les présidents américain et brésilien, ont rechigné à stopper l'activité économique pour ce qu'ils qualifiaient de « simple grippe ». Les dirigeants européens, issus d'une culture différente, défenseurs à des degrés divers de l'économie sociale de marché, ont fait le

1. Organisation mondiale de la santé, WHO Coronavirus Disease (COVID-19) Dashboard, 25 août 2020.

choix inverse. Partout, le creusement des inégalités au cours des années précédentes s'est révélé dans toute sa crudité, concernant notamment l'accès aux soins, les couvertures sociales squelettiques ou tout simplement inexistantes dans certains pays. On a évoqué aussi l'inégalité de situation entre le travail « physique » et le travail intellectuel, le premier exposant ceux qui doivent le poursuivre aux risques de la contamination, le second protégeant les cols-blancs grâce au télétravail. Le pire a côtoyé le meilleur. Tandis que les personnels hospitaliers se battaient pour lutter contre la propagation du virus et soigner les malades les plus sérieusement atteints, les oligarques russes raflaient tous les respirateurs qu'ils pouvaient trouver sur le marché pour les installer chez eux, des industriels chinois ont fait fortune grâce à l'explosion du prix des masques de protection, dont des cargaisons ont été volées ou détournées de leurs destinations initiales. Les images les plus choquantes se bousculaient sur les chaînes de télévision, comme celles de ces millions de travailleurs indiens contraints de quitter les grandes métropoles et de rentrer chez eux en s'entassant dans des autobus ou des trains ou parfois même à pied, portant leurs maigres baluchons sur plusieurs centaines de kilomètres.

En quelques semaines, le monde était à genoux. Partout les mêmes images de capitales désertes, d'hôpitaux surchargés, de malades intubés, d'entreprises à l'arrêt. Partout, des gouvernements à l'agonie, mal préparés, parfois indécis, mobilisant des milliards de milliards de dollars et d'euros pour venir en aide aux entreprises et aux salariés privés d'emploi. Une question est sur toutes les lèvres : succédera-t-il à l'effondrement sanitaire un effondrement économique durable, susceptible de faire davantage de victimes encore ? À l'anxiété, s'ajoute l'incrédulité : comment notre monde hyper-technologique, hyper-normé, hyper-organisé a-t-il pu se laisser surprendre aussi vite et dans des proportions aussi vastes par une épidémie d'une telle ampleur ? Pour les uns, les dégâts humains et économiques du coronavirus sont dus aux excès de la mondialisation qui aurait multiplié les migrations de toutes sortes et fait perdre aux entreprises la maîtrise de leurs chaînes de fabrication et de logistique, les plaçant donc en situation de dépendance totale vis-à-vis de l'étranger. D'autres invoquent les conséquences désastreuses de la pensée économique libérale qui tient la dépense publique pour une aberration, voire une faute, ce qui expliquerait l'état de faiblesse, pour ne pas dire de délabrement, des structures de santé publique dans un certain nombre de pays. D'autres encore s'indignent des stratégies de court terme des gouvernements qui les empêcheraient d'apprécier à leur juste hauteur les enjeux et les risques de fond et donc de s'y préparer.

La question du monde « d'après » est désormais sur toutes les lèvres. Les philosophes, les sociologues, les intellectuels s'interrogent : à quoi ressemblera l'« après Covid-19 » ? Ils voient dans le coronavirus le symbole d'une humanité dont la toute-puissance a été soudain remise en cause. L'homme aurait brutalement pris conscience de sa « corporéité », de sa fragilité de créature biologique. Beaucoup croient percevoir l'amorce de changements radicaux. Après cette épidémie, le monde s'humaniserait. Il deviendrait meilleur. Les logiques financières laisseraient place à la sécurité et au bien-être. Toutes les entreprises deviendraient des « entreprises à mission », comme Danone. La solidarité prendrait le pas sur les égoïsmes. « En nous rappelant brutalement notre fragilité, cette crise est aussi l'occasion de se poser la question de sa responsabilité. Il est devenu impératif de modifier les modes de production, de consommation et d'échanges, bref d'opérer la transition vers un autre modèle de développement et de réorganiser la société », écrit notamment la philosophe Corine Pelluchon[1]. Le prix Nobel d'économie Jean Tirole nous exhorte à changer de comportement et de mode de vie. « Allons-nous enfin apprendre notre leçon, écrit-il. Nous sous-investissons dans l'éducation et la formation continue, nous négligeons

1. *Le Monde*, 23 mars 2020.

le combat contre le réchauffement climatique et diverses autres politiques qui limiteraient les dommages causés à la prochaine génération par le climat, l'intelligence artificielle, la dette, l'inégalité et autres défis imminents[1]. » Il nous invite à abandonner notre « court-termisme collectif ».

Ces interrogations sont justifiées. Elles sont le fruit de l'émotion provoquée par le fait que cette crise sanitaire a frappé « chez nous », qu'elle a touché des membres de notre propre famille, des voisins, des amis, des collègues de travail. Elle a déplacé le focus sur un sujet que, dans nos sociétés développées, nous croyions à peu près correctement géré, celui de la santé publique. Elle a été relayée massivement par l'ensemble des médias et des réseaux sociaux, qui tenaient, chaque jour, la comptabilité des victimes. Elle a jeté une lumière crue sur le fait que nous, les humains, étions le maillon faible de la machine économique et financière mondialisée. Faible mais indispensable, en dépit de tous les discours technologistes. Si les cerveaux peuvent être remplacés par des machines, les bras sont irremplaçables pour actionner les rouages essentiels de notre machinerie économique, tant qu'ils continuent de récolter les denrées agricoles, de fabriquer des produits, de les transporter, de les distribuer. Elle a mis l'accent sur la nature même

1. *Le Monde*, 27 mars 2020.

d'une économie de services : la relation entre les humains, l'attention portée à l'autre, que l'on soit au restaurant, chez le coiffeur, dans une boutique de prêt-à-porter. Que cette relation s'interrompe, et c'est une partie du lien social qui se brise. C'est à la fois réconfortant et inquiétant. Il a suffi de quelques semaines seulement pour que l'économie se mette presque à l'arrêt faute de travailleurs en chair et en os. La leçon sera probablement retenue, et l'on peut déjà prédire que le remplacement du travail humain par celui des machines va prendre une tout autre ampleur dans les années qui viennent.

Enfin, cette crise a rappelé à chacun sa condition de « mortel », alors que les technologies sont censées précisément nous en éloigner et que certains évangélistes du transhumanisme nous promettaient l'immortalité. Il est vrai que la mort n'est pas « moderne », elle n'a pas sa place dans les rêves de toute-puissance de nos sociétés, dans l'univers « aseptisé » des technologies « propres », dans les promesses de l'intelligence artificielle. C'est que, dans nos sociétés développées, nous vivons déjà dans un monde virtuel. La réalité augmentée dans laquelle nous évoluons n'est pas celle du monde « physique ». Ce qui n'apparaît pas sur nos écrans n'existe pas. Or, pendant plus de quatre mois, nos écrans ont été saturés d'images d'hôpitaux et de malades. Les 400 000 décès que provoque chaque année le paludisme ou les plus de 600 000 victimes de la grippe saisonnière n'ont pas de témoins. Ils n'existent pas parce qu'ils ne font pas la « une » des journaux télévisés. Le fait que la crise du coronavirus ait fait l'objet de cette exposition quotidienne, qu'elle ait été traitée comme « une guerre » avec ses héros, ses reporters *embedded* jour après jour auprès des personnels soignants, que cette guerre se déroule chez nous, à nos portes, alors que d'habitude les catastrophes sanitaires frappent des pays lointains, en Afrique ou en Asie, l'a transformée en une sorte de tragédie grecque, émaillée de sacrifices, de gestes héroïques, mais aussi de trahisons, de mensonges et de lâchetés.

Le Covid-19 va-t-il réellement faire naître un monde nouveau, qui bouleverserait l'ordre du « monde d'avant » tel que décrit dans la première partie de ce livre ? Pour tenter de répondre à cette question, il faut remonter le film des événements, analyser chacun des chapitres qui le constituent et se projeter dans le temps long.

2/

Biais cognitifs et « monde d'après »

« Avant l'homme, il n'y avait rien.
Après l'homme, s'il pouvait s'éteindre,
il n'y aurait rien. Hors de l'homme, il n'y a rien. »
George Orwell (*1984*)

Le 2 mars 2020, l'Organisation de coopération et développement économiques (OCDE) publie deux scénarios pour l'économie mondiale. Dans le premier, les experts anticipent que seule la Chine sera gravement touchée par l'épidémie. Dans ce cas, la perte de croissance est estimée à 0,5 %, soit une croissance mondiale de 2,4 % en 2020 au lieu des 2,9 % anticipés. Le second scénario est plus alarmiste : au cas où le Covid-19 atteindrait les économies développées en Asie, en Europe et en Amérique du Nord (70 % du PIB mondial), la croissance serait de 1,5 % seulement en 2020 avec un possible basculement du Japon et de la zone euro en récession. Le 18 mars, le projet de loi de finances rectificative présenté par Bruno Le Maire aux députés repose sur une hypothèse de recul du PIB de 1,5 % pour l'année 2020. À cette même date, d'autres instituts français comme Euler Hermes ou Xerfi sont plus pessimistes et se hasardent à une prévision de baisse de 3 à 4 % sur l'ensemble de la crise. Le 30 mars, l'institut de conjoncture français, l'Observatoire français des conjonctures économiques (OFCE), estime la baisse du PIB en France à 2,6 % en 2020 et évalue à 60 milliards d'euros le coût mensuel du confinement pour l'économie française. Fin juin, le Fonds monétaire international (FMI) propose son dernier scénario pour l'année 2020[1] : il anticipe une baisse du PIB mondial de 4,9 %, encore plus accentuée dans la zone euro (-10,2 % et -12,5 % en France)[2]. Au même moment, le ministre français de l'Économie et des Finances évalue la chute du PIB national à 8 %. Le 6 mai 2020, la Commission européenne présente ses propres prévisions : elle anticipe une baisse du PIB de 7,4 % dans l'Union européenne et de 7,7 % dans la zone euro, au lieu d'une croissance annoncée avant la crise de 1,9 %, et un rebond de 6 % en 2021.

Aux États-Unis, une première prévision établie le 12 mars 2020 faisait état d'une chute du PIB de 0,1 % sur l'année. Le 29 avril, les chiffres du premier trimestre affichaient une baisse de 4,8 % en rythme annuel et une prévision de baisse de 11 % pour le

1. FMI, World Economic Outlook Update: A Crisis Like No Other, An Uncertain Recovery, 24 juin 2020.

2. À la mi-avril, le FMI avait anticipé une baisse du PIB mondial de 3 %. Dans la zone euro, celle-ci était de -7,5 % et -7,2 % en France.

second semestre, un choc sans précédent depuis 2008. En Chine, le PIB a effectivement chuté de 6,8 % au premier trimestre[1], et pour la première fois depuis 1992, le gouvernement a renoncé à fixer un objectif chiffré de croissance pour l'année 2020.

La prévision économique est un art difficile lorsque tout va bien, elle devient un exercice à haut risque en cas de crise. Ce que montrent toutefois ces chiffres, c'est que l'ampleur de la récession économique ne s'est révélée que relativement tardivement, à partir du mois d'avril, alors que le coronavirus circulait déjà depuis près de deux mois. L'autre enseignement est que la récession économique provoquée par les mesures de confinement prises dans un grand nombre d'États, même à contrecœur comme aux États-Unis ou au Brésil, réplique par son ampleur et sa soudaineté la crise des années 30. Elle se traduit par une augmentation du chômage, une aggravation des déficits publics et de la dette des États. Si l'on retient la prévision du FMI du mois d'avril d'une baisse du PIB mondial de 3 % en 2020 (avec la prudence nécessaire puisque cette prévision a été réalisée à la fin du mois d'avril)[2], la perte d'activité due à ces

1. En juillet 2020, le gouvernement chinois publiait des données officielles faisant état d'un PIB de 3,2 % au deuxième trimestre (Frédéric Schoeffler, *Les Échos*, 16 juillet 2020).

2. Voir note 1, page précédente.

quelques mois de pandémie se chiffrerait à environ 3000 milliards de dollars sur un PIB mondial de l'ordre de 90000 milliards. Rapportée au nombre de personnes touchées par le Covid-19 à la mi-juin 2020, soit 8,1 millions de personnes au total, le coût pour l'économie mondiale de chaque cas constaté de Covid-19 se chiffrerait à près de 400000 dollars… Rapporté à la France, ce même calcul (baisse de 8 % sur un PIB de 2400 milliards d'euros, soit 192 milliards de perte d'activité, 157000 cas déclarés depuis le début de la pandémie jusqu'au début juin) fait apparaître un coût économique facial de plus de 1,2 million d'euros par cas constaté. Ces chiffres ne sont évidemment qu'indicatifs, ils ne saisissent qu'un aspect de la réalité, mais ils donnent néanmoins une idée des conséquences macro-économiques de la crise sanitaire.

Et ils alimentent une polémique latente. Les gouvernements auraient-ils commis de lourdes erreurs d'appréciation dans la gestion de cette crise, tardant à réagir dans une première phase, et prenant des mesures trop drastiques lorsque l'ampleur de la pandémie a commencé à se révéler ? La réponse à cette question est très complexe. Elle nourrit nombre de débats et sera au centre des actions judiciaires lancées notamment en France contre les autorités. Il y aura en tout cas plus d'actions en justice pour mise en danger de la vie d'autrui que pour mise à l'arrêt de l'économie !

Comment se pourrait-il que des personnes intelligentes, raisonnables, éduquées, informées aient été capables de prendre des décisions irrationnelles ou erronées ? À cause de ce que l'on nomme les « biais cognitifs », ou « distorsions cognitives ». L'étude de ce phénomène mobilise de longue date les spécialistes des sciences cognitives. Le terme a été introduit dans les années 70 par Daniel Kahneman de l'université de Princeton, prix Nobel d'économie en 2002 pour ses travaux sur la finance comportementale, et Amos Tversky, psychologue israélien, pour expliquer certaines tendances aux décisions irrationnelles dans le domaine économique[1]. Ces biais ne sont généralement pas conscients, mais ils introduisent une distorsion dans la façon dont un individu traite les informations et y apporte des réponses. Les chercheurs se disputent toujours sur le sujet, certains considérant ces biais comme une démonstration de l'irrationalité de l'intelligence humaine, d'autres croyant y voir une preuve de l'agilité et de la capacité d'adaptation de notre intelligence. Les chercheurs en sciences cognitives ont listé près d'une cinquantaine de ces biais, qui peuvent être liés à la mémoire, au jugement, au raisonnement ou à la personnalité d'un individu. Certains sont assez répandus, comme le biais de

1. Daniel Kahneman et Amos Tversky, *Choices, Values and Frames*, Cambridge University Press, 2000.

la confirmation d'hypothèse (préférer les éléments qui confirment une hypothèse plutôt que ceux qui l'infirment) ; l'illusion des séries (percevoir à tort des coïncidences dans des données du hasard) ; le biais de disponibilité (ne pas chercher d'autres informations que celles qui sont immédiatement disponibles) ; le sophisme générique (tendance à juger le contenu en fonction du contenant, le message en fonction du messager, le fond suivant la forme) ; le biais d'optimisme (faire preuve d'optimisme disproportionné ou irréaliste).

Dans un webinar organisé par HEC (École des hautes études commerciales de Paris) où il enseigne la stratégie, Olivier Sibony, qui a consacré un livre aux biais cognitifs[1], les a analysés au regard de la crise du coronavirus. Et il s'avère que nous sommes, de ce point de vue, dans un cas d'école. Conformément à la tendance du cerveau humain à surestimer les risques à faible probabilité (accidents nucléaires, terrorisme) et à sous-estimer des risques latents, dès les premières apparitions de la pandémie, beaucoup ont associé le Covid-19 à une grippe un peu plus sévère que les autres. Un autre biais a également été développé : lorsqu'un événement survient, on tend à le comparer à un événement ancien qui pourrait lui ressembler. Il faut

1. Olivier Sibony, *Vous allez commettre une terrible erreur !*, Clés des Champs, 2019.

pouvoir le rattacher à un modèle connu. Dans les pays asiatiques, le souvenir de l'épidémie du SRAS était encore vivace, car le scénario qui a présidé à son développement en 2003 était en tout point semblable à celui qui commençait à s'écrire en février et mars 2020 : origine animale, premiers malades en Chine, puis à Hong Kong, développement de la maladie dans le monde entier. Cela explique que des pays comme la Corée du Sud, Taïwan ou Singapour aient été les plus prompts à réagir au coronavirus et à en limiter les effets sur leurs économies respectives. Mais le bilan modeste du SRAS (400 décès dans le monde) n'a laissé que peu de souvenirs dans les pays occidentaux et singulièrement en Europe. L'épisode pandémique le plus récent auquel nous avons été confrontés est la grippe A (H1N1) de 2009, et nous en gardons le souvenir d'une panique sans objet (18 000 décès confirmés dans le monde, dont un peu plus de 1 000 en France), souvenir marqué par l'acquisition massive de vaccins par la ministre de la Santé de l'époque, Roselyne Bachelot. Ils ne seront finalement pas administrés avec l'ampleur prévue, ce qui lui vaudra des critiques acerbes. La tentation de minimiser le risque du Covid-19 au début du développement de la maladie doit donc s'apprécier en fonction de l'épisode du H1N1. Il ne s'agissait probablement que d'une grippe, pensait-on dans les premières semaines de l'apparition du coronavirus. Et quand on croit reconnaître une grippe, on la compare aux autres grippes. Et de fait, entre janvier et mars 2020, de nombreux experts en sciences cognitives, mais aussi des médecins, des hommes politiques, incitaient les citoyens à ne pas « sur-réagir », ni céder à la peur.

Le fait de vouloir rattacher systématiquement un événement à un épisode antérieur connu provoque également une sorte d'amnésie collective s'agissant de l'histoire longue, marquée par des épidémies meurtrières comme celles de la peste au XVIIIe siècle ou du choléra au XIXe. D'où le fait, souligné par l'historienne Françoise Hildesheimer, que « la réapparition brutale de la maladie fait toujours figure de coup de théâtre. C'est le cas avec le Covid-19 comme ce fut le cas pour la peste en 1720 ». Autre biais cognitif : le cerveau humain a des difficultés à intégrer les phénomènes exponentiels. Le nombre de malades admis en réanimation et le nombre de décès ont commencé à augmenter de façon exponentielle entre la fin du mois de février et la mi-mars. D'où la décision du confinement pour permettre aux infrastructures de santé d'accueillir les personnes touchées. En réalité, la courbe des cas déclarés et des décès a été exponentielle dès le début de l'apparition de la maladie. Mais elle ne faisait apparaître que de petits nombres, même s'ils doublaient tous les trois jours ou presque. Dès le début de l'épidémie, les experts ne cessaient d'anticiper un « plateau ». Or en France, le nombre d'hospitalisations est passé de 400 le 15 mars à 32 000 le 14 avril pour descendre à 17 000 le 23 mai. Le « plateau » n'a été atteint que près de quatre mois après l'apparition des premiers cas et un confinement de la population. Cette incrédulité face à des croissances exponentielles fait que la prise de conscience est tardive et que les tendances à surréagir se manifestent. D'autant qu'est apparu dès le début de la maladie un autre biais cognitif : la tendance à croire que le problème est chez les autres et pas chez soi. Donald Trump a cru bon de stigmatiser le « virus chinois ». Bolsonaro au Brésil est allé jusqu'à affirmer que les Brésiliens étaient naturellement immunisés contre les virus. En France, les signes avant-coureurs de l'ampleur du risque, venus d'Italie, ont commencé par être ignorés. On a mis en avant l'état précaire des structures de santé en Italie, le taux élevé de personnes âgées dans la population, le manque de discipline des Italiens, pour se persuader que rien de comparable ne pourrait survenir en France. Même raisonnement chez des intellectuels, y compris des Américains réputés, par rapport à la Chine : « Notre système de santé est autrement plus sophistiqué, notre air est plus pur que celui de Wuhan », tels étaient les commentaires que les Américains pouvaient alors lire dans la presse ou sur les réseaux sociaux. C'est le réflexe de « l'intragroupe » par rapport à « l'exogroupe ».

Autre biais, dit de « prévision » : la confiance irraisonnée dans des statistiques trop précises. Au cours de la première quinzaine de mars 2020, les meilleurs experts américains ont été invités à estimer le nombre de cas de Covid-19 à l'échelle d'une dizaine de jours : le consensus s'est établi sur 19 000, avec des marges de fluctuation très étroites, ce qui indique de la part du prévisionniste une grande confiance dans ses modèles ou ses logiciels d'intelligence artificielle. En réalité, le nombre de cas, dans cette période, a été de 140 000, soit une erreur de 1 à 7 dans une prévision à 12 jours. Ce biais de prévision pousse à réaliser des estimations trop précises pour se rassurer et par excès de confiance.

Le choc des croissances exponentielles, la prise en défaut des premières prévisions ont donc poussé les gouvernements à réagir par le coup de massue du confinement, probablement trop tardif dans un certain nombre de cas. La prise de conscience de la menace s'est faite par paliers. De ce fait, ceux qui dénonçaient quelques semaines avant le confinement la « surréaction » des gouvernements fustigeaient une décision trop tardive… C'est qu'entre-temps, un autre biais s'est manifesté : le biais de la concentration, que Kahneman exprimait ainsi : « Rien dans la vie n'a le degré d'importance que vous pensez, au moment où vous le pensez. » Quand les médias consacrent 80 % de leurs antennes ou de leurs contenus à l'impact sanitaire de la crise, l'effet est radical. Seul compte le fait de sauver des vies. Toute autre considération devient secondaire, et en premier lieu, les considérations économiques. On oublie qu'une crise économique, ce sont aussi des vies sacrifiées. Mais le choix entre sauver des vies immédiates et tangibles, filmées par la télévision, et la mise en danger de vies plus abstraites, parce qu'elles n'ont pas de visages tangibles, ne se discute pas. Dans un livre qui a fait du bruit aux États-Unis, les économistes Anne Case et Angus Deaton[1] ont mis le doigt sur la surmortalité des Américains d'âge adulte imputable à la crise économique de 2008-2009, qu'ils évaluent à environ 100 000 individus, due à l'alcool, aux drogues, aux suicides liés au chômage ou à la précarité de l'emploi. Mais pour l'opinion publique, ce sont des victimes sans nom et sans visage, qui ne déclenchent pas d'émotion. Choisir entre la sécurité sanitaire et la crise économique, ce n'est donc rien d'autre qu'échanger des vies contre d'autres vies. Mais l'illusion de concentration étouffe la capacité à mettre les phénomènes en perspective. Notre système de pensée se concentre sur chaque vie qu'il faut sauver, et toute tentative de mettre en rapport cette nécessité avec des enjeux économiques paraît indécente.

---

1. Anne Case et Angus Deaton, *Deaths of Despair*, Princeton University Press, 2020.

Si la lecture de la crise est distordue par ces biais cognitifs, les leçons à en tirer le sont tout autant par le biais de la centrifugation. Nos croyances sont plus têtues que les faits. Beaucoup des débats sur le monde d'après sont irrigués par le fait que chacun pense que le monde d'après sera exactement celui qu'il avait dit qu'il serait avant le Covid-19. Les traditionnels pourfendeurs du capitalisme puisent dans le coronavirus des raisons supplémentaires de nourrir leurs convictions. Ceux qui critiquaient la mondialisation pensent qu'elle est désormais en voie d'extinction. Bref, beaucoup des convictions « d'avant » n'ont pas été ébranlées par la crise, elles retrouvent une nouvelle vie pour « l'après » et l'on retrouve les mêmes lignes de force, les mêmes contradictions que celles qui s'affrontaient avant le coronavirus, alors même que cette crise laisse béantes un certain nombre d'interrogations sur les leçons que, sur le moyen terme, le monde va en tirer.

4/

Le capitalisme contaminé par le virus ou en apesanteur ?

« Le capitalisme est dans son principe
un état de guerre permanente, une lutte perpétuelle
qui ne peut jamais avoir de fin. »
MICHEL HOUELLEBECQ (*Plateforme*)

Jamais, en temps de paix, l'économie mondiale n'aura été à l'arrêt aussi longtemps. Entre début février et fin juin 2020, les premières vagues de confinement ont provoqué ce qui peut se produire de pire dans le fonctionnement de l'économie : l'immobilité. L'économie est le monde des flux perpétuels. Les hommes, les capitaux, les produits, les informations circulent en permanence. C'était déjà le cas au XIXe siècle. À l'heure des technologies de l'information, ce caractère est accentué de façon exponentielle. Or, qu'a révélé cette rupture globale dans la chaîne productive, en dehors de ses conséquences sur un certain nombre de grandes filières industrielles et de services ? Que l'argent protège de tout, y compris, dans une certaine mesure, de la maladie. Plusieurs lignes de fracture, largement sous-estimées avant le Covid-19, sont apparues.

Dans les économies développées, les populations les plus fragiles ont été largement exposées. Aux États-Unis par exemple, d'après les données fournies par les Centers for Disease Control (CDC), près d'un tiers des infections du pays et des personnes décédées ont concerné des Afro-Américains alors qu'ils ne représentent que 13 % de la population. Les raisons en sont évidentes : précarité de leur situation matérielle et de logement, résidence dans des déserts alimentaires, de transport et d'éducation, couverture santé insuffisante ou tout simplement inexistante. Tous les déterminants sociaux permettant d'assurer la bonne santé d'une communauté sont absents au sein de cette population. De la même manière, on a beaucoup commenté en France la surmortalité enregistrée dans le département de la Seine-Saint-Denis. L'autre ligne de fracture tient au statut de l'emploi. En cas de crise, il vaut mieux être salarié en CDI que sous un statut plus précaire, ne serait-ce que pour bénéficier des indemnisations du chômage. Avant le Covid-19, de nombreuses théories fleurissaient sur la fin du salariat et l'évolution du travail vers des formes beaucoup plus autonomes, dans une sorte de contrat de fournisseur de services entre une entreprise et un collaborateur. Sans compter les statuts dérogatoires appliqués à un certain nombre d'emplois liés par exemple à des plates-formes digitales de fournitures de services, que nous avons évoquées dans la première partie de ce livre. Les difficultés auxquelles ont été confrontés les travailleurs « indépendants », tout au long de la crise, ont révélé le vrai prix de cette indépendance lorsque rien ou presque ne vient les protéger en cas de perte durable de leur activité.

Dans les pays en développement, la crise a frappé aussi les plus faibles, et en particulier tous les travailleurs œuvrant dans le secteur dit « informel », sans contrat de travail, sans couverture sociale, et dépendant pour leur survie de leurs maigres gains journaliers. Or, selon l'Organisation internationale du travail (OIT), ce sont 2 milliards de personnes dans le monde qui travaillent dans le secteur informel, soit 60 % de la population active (85,5 % en Afrique, 66 % en Asie-Pacifique, 40 % dans les Amériques, 25 % en Europe et en Asie centrale)[1]. En Inde, où le confinement a duré jusqu'à la fin du mois de mai, ce sont des millions de travailleurs migrants qui se sont retrouvés brutalement sans revenus, privés de leur emploi dans les hôtels, dans les entreprises, sur les chantiers, et qui ont été jetés sur les routes pour rejoindre leurs régions d'origine, car incapables de payer leur logement (lorsqu'ils en avaient un) dans les grandes métropoles économiques du pays. La pandémie a donc révélé

1. « Femmes et hommes dans l'emploi informel », OIT, avril 2018.

brutalement ces plaies béantes du capitalisme, dont elle n'est pas à l'origine, mais qu'elle a contribué à creuser encore un peu plus.

Les détenteurs de capitaux aussi ont souffert, mais dans des proportions bien moindres. Entre le 1er janvier et la fin février 2020, l'indice Dow Jones frôlait les 30 000 points. Il s'est effondré à un peu plus de 18 000 vers la fin mars. Il était remonté à 25 000 points à la fin du mois de mai. L'indice Standard and Poor's (S&P) 500 est passé de 3 265 points le 10 janvier, pour tomber à 2 300 points le 20 mars et remonter à 2 830 points en mai. Quant à l'indice Nasdaq, il a fait preuve d'une meilleure résilience encore : environ 9 600 points vers le 20 février, 6 700 points le 18 mars, 9 400 points le 26 mai[1]. C'est dire la foi des investisseurs dans le potentiel de croissance des entreprises de technologie... S'agissant du CAC 40, il était revenu à 4 600 points le 26 mai, après un plancher à environ 3 700 points en mars et un pic à 6 000 points en février[2]. Certes, les marchés financiers ne sont qu'un indicateur parmi d'autres de la santé d'une économie. Ils indiquent surtout,

1. Au 25 août 2020 les indices continuaient de remonter. L'indice du Dow Jones était remonté à plus de 28 000 points, celui de S & P 500 à plus de 3 000 points et celui du Nasdaq à plus de 11 000 points (Bourse Direct, consulté le 25 août 2020).

2. Au 25 août 2020, le CAC 40 était à 5 000 points (Bourse Direct, consulté le 25 août 2020).

en l'occurrence, un niveau de confiance dans l'avenir et la mise au point d'un vaccin contre le Covid-19. Le krach boursier de 1929 a été beaucoup plus sévère, puisque le point le plus bas du Dow Jones depuis sa création a été atteint en 1932 (41 points) et que les grands noms du capitalisme américain ont subi, entre 1929 et 1932, un effondrement total de leur cours de bourse, à l'image de Goldman Sachs (de 104 à 1,75 dollars), de US Steel (de 262 à 22 dollars) ou de General Motors (de 1 000 à 40 dollars).

Il faut dire que, rompant de façon spectaculaire avec les thèses économiques néolibérales, jamais les États ne se sont autant mobilisés pour soutenir les entreprises : 2 300 milliards de dollars aux États-Unis (11 % du PIB) dont 850 milliards de prêts et garanties aux entreprises ; 757 milliards d'euros de garanties aux entreprises et aux assureurs crédit en Allemagne (27 % du PIB), ainsi qu'une ligne budgétaire supplémentaire de 156 milliards d'euros ; 315 milliards de garanties (14 % du PIB) et une enveloppe budgétaire de 110 milliards en France ; 1 000 milliards de dollars au Japon[1]. Toutes les règles en matière d'orthodoxie budgétaire ont été bafouées, avec la bénédiction des banques centrales qui se sont placées dans la logique de

1. Depuis l'été, les États travaillent sur des plans de relance en complément de ces plans de soutien.

Quantitative Easing initiée lors de la crise financière de 2008-2009.

C'est comme si la dette, qui était encore, en janvier 2020, l'ennemie de la bonne gestion et une situation à corriger, était devenue, en février, l'amie des peuples et des gouvernements. Cela signifie-t-il, par exemple, que la fameuse limite des 3 % du PIB pour le déficit public, imposée aux États membres de la zone euro au moment de la création de la monnaie unique, était une sorte de leurre collectif, un simple chiffon rouge agité devant les politiques, sans aucune importance réelle sur le plan technique ? Pas entièrement. Les temps ont changé avec la crise financière de 2008-2009. Surtout, une nouvelle théorie s'est développée, la MMT, pour *Modern Monetary Theory.* L'une de ses chefs de file, l'économiste Stephanie Kelton, devenue en quelques années une véritable star de la pensée économique alternative, explique dans un livre qui a connu un succès spectaculaire aux États-Unis[1] en quoi le déficit est un mythe. Elle réfute la comparaison souvent faite entre le budget d'une famille et le budget d'un État, et la nécessité, dans l'un et l'autre cas, de ne dépenser que l'argent dont on dispose. Pure folie, selon Stephanie Kelton. L'idée selon laquelle les dépenses de l'État sont financées

1. Stephanie Kelton, *The Deficit Myth*, John Murray, 2020.

par l'impôt des citoyens est tout simplement fausse, défend-elle. Elles sont financées par la monnaie que crée cet État, sous différentes formes. « En 2020, le Congrès nous a montré, dans la pratique et non dans la théorie, comment fonctionne la MMT. Il a engagé des milliers de milliards de dollars pour gérer la crise, des dollars dont, au sens économique conventionnel, les États-Unis ne disposaient pas. Pourtant le Congrès n'a pas augmenté les impôts des Américains ni emprunté à due proportion. Au lieu de cela, les parlementaires ont juste voté des engagements de dépenses, portant sur les milliers de milliards de dollars qui ont été tirés des caisses de la Réserve fédérale. Et c'est ainsi que tous les gouvernements financent leurs dépenses », écrit Stephanie Keaton dans une tribune parue dans le *New York Times*[1]. En réalité, en matière de politique économique, ce ne sont pas les chiffres qui comptent, mais la vision et la volonté politiques.

De même, alors que l'intervention des États dans le secteur privé était considérée, avant le Covid-19, comme une rupture d'égalité de concurrence, notamment au sein de l'Union européenne, tous les garde-fous ont été levés et la Commission européenne a laissé se mettre en place des plans d'aides et de subventions sur lesquels elle aurait

1. Stephanie Keaton, « Learn To Love Trillion-Dollar Deficits », *The New York Times*, 9 juin 2020.

apposé son veto en temps normal, même lorsque ces soutiens n'entraient pas exactement dans le cadre prévu au titre des conséquences de la crise sanitaire. Elle n'a sourcillé que sur le plan de soutien de Lufthansa de 9 milliards d'euros, dont 4,7 milliards de participation au capital, sans droits de vote, alors qu'elle avait entériné celui d'Air France-KLM pour 7 milliards d'euros. Il faut dire que l'ampleur des mesures de soutien aux entreprises en Allemagne (près de la moitié du montant des plans de l'ensemble de l'Union européenne) a fait naître dans les autres pays quelques craintes sur l'intégrité des règles de concurrence entre les entreprises de l'Union.

Le capitalisme s'est donc plutôt bien tiré d'affaire. Certes, cette crise laissera des traces, mais elles ne feront que suivre les règles d'airain du système : les puissants s'en tirent mieux que les faibles, les entreprises riches de cash sont mieux armées que les autres, les « leaders » l'emporteront encore davantage sur les « moyens ». Et même si quelques géants de la Tech ont perdu quelques plumes (nous y reviendrons), les Titans, les vrais, n'ont guère souffert et au contraire, ils vont voir leur influence grandir encore. Il n'empêche que le débat sur la réforme du capitalisme, à la lumière des conséquences de la pandémie sur les populations les plus fragiles, a repris de la vigueur. Au plus fort de la crise sanitaire et économique, on a ainsi pu entendre le président Emmanuel Macron appeler de ses vœux une société nouvelle, plus solidaire, un « monde d'après » plus amical et plus juste. En outre, la résistance d'un Titan capitaliste comme Donald Trump à l'idée de sacrifier Wall Street au Covid-19, la santé de l'économie à celle de ses compatriotes, a encore nourri les polémiques. Et pour beaucoup d'intellectuels et un certain nombre d'économistes, cette crise du Covid-19 serait donc une invitation à en finir avec la course folle à l'argent et au gigantisme, et à recréer une société et un système économique moins égoïstes.

C'est notamment la thèse défendue par Jonathan Aldred[1], qui enseigne l'économie à Cambridge. Il soutient que depuis l'invention de la théorie des jeux dans les années 50 par de brillants sujets de la Rand Corporation, qui voulaient théoriser le risque que l'Union soviétique utilise la bombe atomique contre les États-Unis, ou comme John Nash, prix Nobel d'économie en 1994, les économistes dits « libéraux » se sont trompés de modèle en pensant que les êtres humains, collectivement et individuellement, se comportaient en fonction de leur seul intérêt rationnel. Depuis la fin de la guerre froide, cette tendance se serait encore accentuée, faisant

1. Jonathan Aldred, *Licence to be Bad: How Economics Corrupted Us*, Allen Lane, 2019.

des sociétés humaines une collection d'égoïsmes, chacun cherchant à deviner le comportement égoïste des autres pour y substituer le sien.

Pour Jonathan Aldred, l'économie a fait de l'efficacité immédiate son point d'ancrage, au détriment des valeurs morales. Il attribue ce qu'il considère comme une dérive mortelle aux économistes qui ont inspiré en leur temps Margaret Thatcher et Ronald Reagan, et qui ont transformé les acteurs économiques, individuels et collectifs, en agents amoraux, cherchant à traduire en termes monétaires les interactions humaines. D'où les excès que l'on a connus dans les années 80 et que l'on observe encore aujourd'hui, qui ont mené le monde vers un certain nombre d'impasses, dont la plus significative est naturellement liée au dérèglement climatique. Or, il n'en a pas toujours été ainsi. À l'origine, l'économie était considérée comme une science morale, proposant une véritable philosophie de la vie, à l'image d'Adam Smith et de sa *Théorie des sentiments moraux* dans laquelle il exposait qu'en dépit de son égoïsme naturel, l'homme était foncièrement attaché à contribuer au bonheur des autres. Pourrait-on revenir en arrière et détruire cette « autorisation à être mauvais », pour reprendre la formule de l'auteur ? Il n'en est pas tout à fait convaincu. Il prend pour exemple la crise financière de 2008 : la réponse qu'on lui a donnée alors fut de renforcer les contrôles sur les activités financières, donc d'appeler la police, au lieu de changer profondément les comportements de la sphère financière... L'économie est un sujet éthique, soutient Jonathan Aldred, elle doit nous permettre de répondre à cette angoissante question : dans quel monde les humains veulent-ils vivre ?

À côté de ces réflexions sur la nature profonde du capitalisme, d'autres auteurs ont identifié la mère de toutes les batailles : la lutte contre les inégalités. Un vaste courant de pensée a pris forme dans les pays développés, pour en finir avec les inégalités, imposer une « éthique » du capitalisme, le forcer au « partage ». Prendre pour cible les riches et les ultra-riches est l'assurance de gagner de la popularité. « Faire payer les riches » est une constante historique de la pensée économique depuis que des fortunes se sont constituées. Force est de constater que cette idée a rarement été mise en œuvre, sauf dans les régimes communistes, et que ces dernières décennies, elle a été sérieusement battue en brèche, notamment aux États-Unis. Certes, en France, François Mitterrand et François Hollande ont voulu l'expérimenter, s'exposant aux critiques les plus vives des « forces productives » et des détenteurs de capitaux. En supprimant l'impôt sur la fortune, Emmanuel Macron y a mis un terme, au nom de la théorie du « ruissellement » sur laquelle on reviendra.

Reste que depuis quelques années, la pression augmente, notamment sous l'effet d'un certain nombre de mouvements populaires en

France, au Chili, au Liban et dans d'autres pays du monde. Une bonne partie des thèses qui se développent aujourd'hui se concentrent sur les moyens à mettre en œuvre pour rendre les riches moins riches en leur faisant payer plus d'impôts. Le débat a été particulièrement intense aux États-Unis, notamment dans le cadre de la campagne pour les élections présidentielles de 2020. La sénatrice démocrate Elizabeth Warren, candidate éphémère à l'investiture de son parti, proposait d'imposer une taxe de 2 % sur les fortunes supérieures à 50 millions de dollars et de 6 % sur celles qui dépassent le milliard de dollars. Selon ses calculs, ces nouveaux impôts permettraient de lever 3750 milliards de dollars en dix ans, qui pourraient être consacrés aux budgets sociaux, médicaux et éducatifs des États-Unis. Un autre candidat démocrate qui s'est retiré de la course, Bernie Sanders, proposait d'annuler la baisse des impôts sur les bénéfices des entreprises décidée par Donald Trump et de revenir au taux de taxation de 35 % contre 21 % aujourd'hui. Et pour lutter contre les écarts de rémunération dans les entreprises, il proposait que toutes les sociétés réalisant plus de 100 millions de dollars de chiffre d'affaires et toutes les sociétés cotées réservent la moitié des sièges de leurs conseils d'administration à des salariés élus par leurs pairs. Davantage d'impôts et un meilleur partage du capital et des revenus seraient donc les voies à explorer d'urgence. Un économiste français de renommée mondiale, Thomas Piketty, fait de ces sujets son cheval de bataille. D'autres économistes français lui ont emboîté le pas. Ainsi Emmanuel Saez et Gabriel Zucman, tous deux professeurs d'économie à l'université de Berkeley, dans leur livre *Le Triomphe de l'injustice*[1], plaident-ils pour une refonte de la fiscalité sur les riches. Faisant, comme d'autres, le constat que « le système économique laisse au bord de la route une partie croissante des classes moyennes et populaires » et que « les ultra-riches s'acquittent de taux d'imposition qui sont désormais inférieurs à ceux des classes moyennes », ils proposent d'augmenter l'imposition des grandes fortunes. Selon le modèle qu'ils ont élaboré, et qui est développé sur un site Internet dédié (TaxJusticeNow.org), ils montrent qu'aux États-Unis, les ultra-riches ont vu leur taux d'imposition s'effondrer au cours des dernières années, pour revenir à un niveau historiquement bas, jamais vu depuis les années 20. Ce modèle montre également que si un impôt sur la fortune du type de celui proposé par Elizabeth Warren avait été en place depuis 1982, la richesse de Jeff Bezos serait aujourd'hui de 59 milliards de dollars au lieu de 160 milliards, celle de Bill Gates

1. Emmanuel Saez et Gabriel Zucman, *Le Triomphe de l'injustice*, Le Seuil, 2020.

de 20 milliards au lieu de 90, celle de Warren Buffett de 14 milliards au lieu de 88, celle de Mark Zuckerberg de 36 milliards au lieu de 61.

Ces calculs ont le mérite de démontrer l'impact de la fiscalité sur la constitution et l'accroissement des grandes fortunes. Mais les chances de voir mise en œuvre une telle réforme aux États-Unis sont minces. D'abord parce que le déclin de la progressivité de l'impôt est un phénomène mondial et que les écarts de fortune se sont considérablement creusés dans de nombreuses économies du monde, y compris dans les pays émergents. Comme le soulignent d'ailleurs Emmanuel Saez et Gabriel Zucman, la relative passivité des États, depuis les années 80, face à ce phénomène mais aussi face à l'évasion fiscale et au recours aux paradis fiscaux, a créé des situations de fait que l'on éprouve bien des difficultés à traiter aujourd'hui, comme le démontrent les laborieuses négociations sur la taxation des GAFA. Enfin, il sera très difficile de donner un coup d'arrêt à la concurrence fiscale entre les États, qui demeure une arme redoutable dans la compétition économique mondiale.

De ce point de vue, la pandémie n'a pas changé grand-chose. Certes, en France, des voix s'élèvent pour que le gouvernement réintroduise l'impôt sur la fortune, afin d'augmenter un peu les recettes fiscales de l'État, singulièrement dégradées. Cette revendication n'a pas été entendue. Il s'écoulera donc sans doute de nombreuses années avant d'observer, au niveau mondial, une redistribution des revenus et une contraction des grandes fortunes de l'ampleur souhaitée par les deux économistes français. Cependant, est-on bien certain que les sommes qui auraient été ainsi prélevées dans les portefeuilles des grandes fortunes auraient réellement servi à améliorer le sort des plus modestes ? Autrement dit, la fameuse théorie du ruissellement a-t-elle réellement un sens ? Heather Boushey est une économiste en vue à Washington où elle dirige un think tank qui se consacre à l'analyse économique et en particulier aux effets des inégalités sur la croissance et la stabilité de l'économie. Son livre, *Unbound*[1], a été cité comme l'un des meilleurs ouvrages économiques de 2019 par le *Financial Times* et le MIT. Il est pourtant une attaque en règle de cette fameuse « théorie du ruissellement » qui irrigue la pensée économique depuis les années 80 et qui part du principe que favoriser les plus riches par des exemptions ou incitations fiscales et des assouplissements des régulations doperait la croissance et l'emploi et rejaillirait donc positivement sur le niveau de vie des plus pauvres. Heather Boushey, qui appartient à cette nouvelle

1. Heather Boushey, *Unbound: How Inequality Constricts Our Economy and What We Can Do About It*, Harvard University Press, 2019.

génération d'économistes travaillant davantage sur les *data* que sur les théories, met en pièces cette thèse, chiffres à l'appui. Entre 1980 et 2016, les travailleurs modestes américains ont vu leurs revenus augmenter en moyenne de 0,3 % par an (de 26400 à 29800 dollars annuels), alors qu'à l'autre bout de l'échelle des rémunérations, celles des 0,1 % les plus riches ont quadruplé.

Au demeurant, cibler les riches au nom de la lutte contre les inégalités revient à traiter les conséquences produites par le système capitaliste et non ses racines profondes. Les nouvelles fortunes d'aujourd'hui sont entrepreneuriales. Elles sont nées de la vision stratégique d'individualités qui ont su capter les immenses ressources des marchés pour les transformer en technologies de pointe et en valeur pour leurs actionnaires et pour elles-mêmes. C'est l'un des ressorts essentiels du capitalisme. La règle d'or, c'est la croissance. Toujours plus de chiffre d'affaires et surtout, toujours plus de profits, donc toujours plus d'enrichissement pour les détenteurs de capitaux. Le capitalisme est sorti toujours plus fort de toutes les crises qu'il a traversées. Celle de 2008 en offre un parfait exemple. Elle devait marquer l'instauration d'un capitalisme plus mesuré que des réglementations plus sévères auraient bridé. Il n'en a rien été. Les forces telluriques se sont remises en mouvement pour créer encore davantage de Titans, les banques centrales ont libéré des flots d'argent avec les effets que l'on connaît. Non seulement le capitalisme ne s'est pas assagi, mais il a pris de la vitesse. Les opérations de concentration, et donc la constitution de nouveaux Titans, se multiplient.

Le marché mondial des fusions-acquisitions est très actif. Le montant total des transactions a atteint 3 900 milliards de dollars en 2019, dont 2 000 milliards aux États-Unis, 830 milliards en Asie-Pacifique et 800 milliards en Europe. Les secteurs les plus actifs ont été l'informatique et l'électronique (480 milliards de dollars de transactions), la santé (317 milliards), la finance (186 milliards), le pétrole et le gaz (155 milliards), l'énergie et les services (134 milliards). Le marché français a généré plus d'une centaine de milliards d'euros de transactions en 2019, avec des opérations de grande ampleur comme LVMH/Tiffany (14,7 milliards d'euros), Dassault Systèmes/Medidata (5,2 milliards), Publicis/Epsilon (3,9 milliards), Altice/Sotheby's (3,3 milliards) ou Sanofi/Synthorx (2,5 milliards). L'année 2020 s'est ouverte avec l'annonce de projets très significatifs, comme Worldline/Ingenico (7,8 milliards d'euros) dans les systèmes de paiement. Sans parler du rapprochement en cours entre PSA et le groupe Fiat ou entre Alstom et Bombardier. Et la crise du Covid-19 pourrait bien accélérer le mouvement, car de nombreuses entreprises, affaiblies par la récession, se retrouvent en situation de « cibles ».

Tous les acteurs de ces opérations visent à davantage de puissance, à des effets d'échelle permettant d'améliorer la rentabilité et donc les profits, à davantage de liberté d'action sur le marché mondial où ils font face aux Titans chinois. Et l'on peut prédire sans risque que ce mouvement va se poursuivre et même s'accélérer, sous l'effet conjugué des progrès de la technologie et de l'argent facile. Cette réalité des faits heurte les convictions de ceux qui plaident pour un capitalisme « à taille humaine », parmi lesquels un certain nombre de dirigeants d'entreprises, surtout en Europe. Mais eux aussi sont mis sous pression, notamment par ce que l'on nomme les « fonds activistes ».

Il s'agit essentiellement de fonds d'investissements américains, qui se sont donné pour objectif d'identifier des failles (réelles ou fabriquées) dans la stratégie de certaines entreprises, des taux de rentabilité qu'ils jugent insuffisants ou des cours de bourse anormalement dépréciés. Ils agissent aussi lorsqu'un événement intervient dans la vie d'une entreprise comme un projet de fusion, une acquisition, une opération financière importante ou une OPA. D'où le concept d'*event driven* accolé à ces fonds. On les a vus à l'œuvre récemment dans plusieurs entreprises européennes importantes : Danone, où le fonds activiste américain Third Point a acquis près de 1 % du capital et demande à la direction du groupe une forte amélioration de ses performances financières, alors même que le président de Danone, Emmanuel Faber, est un ardent défenseur de la responsabilité sociale de l'entreprise et du concept d'« entreprise à mission » ; Thyssen Krupp, fleuron de l'industrie allemande qui, sous la pression d'investisseurs activistes suédois et américains, a dû décider de son propre démantèlement en séparant la sidérurgie et ses activités industrielles, une rupture totale dans la stratégie du groupe dont la fondation familiale Krupp détient encore 21 % du capital, et qui a entraîné la démission du président du conseil de surveillance et du président du directoire, provoquant une grande inquiétude chez les salariés ; Pernod Ricard, qui a été la cible, en novembre 2018, de ce même fonds Elliott qui exigeait une augmentation de la marge opérationnelle de l'entreprise, une gouvernance améliorée, des mesures d'économie de 500 millions d'euros par an, et l'examen d'une possibilité de fusion « avec un autre grand acteur, afin de créer une valeur additionnelle pour les actionnaires[1] ». Une attaque frontale contre une entreprise familiale (les descendants du fondateur en détiennent encore 15 % du capital), appartenant au patrimoine industriel national, mais qui la place sur la défensive et l'oblige à justifier sa stratégie et ses résultats.

1. « Début des grandes manœuvres chez Pernod Ricard », *Le Monde*, 14 décembre 2018.

Leur réussite aux États-Unis a poussé les fonds activistes à étendre leurs opérations au niveau mondial. Le nombre de leurs « campagnes » augmente : 188 en 2017, 247 en 2018, dont 24 % en Europe. Les capitaux mobilisés sont de plus en plus importants : 65 milliards de dollars en 2018 contre 62 milliards l'année précédente. En 2018, on comptait 131 fonds activistes (dont 40 créés cette année-là), contre une cinquantaine en 2012. Les plus importants sont bien connus : Elliott (14,7 milliards de dollars de positions en 2018), Value Act (12,6 milliards), Cevian (11,2 milliards), Trian (10,1 milliards), Third Point (9,4 milliards), Icahn (7,9 milliards), TCI (6,7 milliards), tous d'origine américaine. Ils bénéficient d'un afflux de liquidités grâce notamment aux mesures fiscales de Donald Trump et de l'amnistie sur les capitaux logés dans des paradis fiscaux et rapatriés aux États-Unis, que l'on estime à 3 000 milliards de dollars. Avec ces fonds, on touche à l'essence même du capitalisme. Il est probable que ce genre d'offensive se multipliera, d'autant que la crise du Covid-19 place un certain nombre d'entreprises en situation de faiblesse. Les non-résidents détiennent environ 42,7 % du capital des sociétés du CAC 40. Au sein de ces actionnaires étrangers, les plus nombreux appartiennent à la zone euro (44,6 %), devant les actionnaires américains (32,8 %). Ce n'est pas faire preuve d'un nationalisme financier outrancier que de considérer que, parmi ces actionnaires étrangers, certains « activistes » poursuivent des stratégies de valorisation maximum de leurs participations et seraient prêts, le cas échéant, à contester les stratégies et les performances financières des entreprises auxquelles ils sont associés ou à les forcer à prendre des décisions qu'elles ne souhaitent pas.

Il n'y aura donc pas de « grand soir » d'après-Covid-19. Les mécanismes du capitalisme sont trop profondément ancrés dans nos sociétés. Les logiques qu'il sous-tend animent l'ensemble des forces productives du monde. Devenir riche tient lieu de plus en plus de projet de vie, car l'argent reste une valeur à laquelle chacun est en mesure de se référer. Même si l'argent est un bon serviteur et un mauvais maître, tout notre système est bâti sur cette aspiration. Tous ceux qui s'intéressent à l'actualité économique peuvent en faire le constat chaque jour. Changer le capitalisme signifierait en finir avec cette exigence de croissance de plus en plus rapide des performances des entreprises. Or, chaque jour, le jugement des marchés financiers tombe : tout manquement à une prévision de bénéfice ou de rentabilité, toute déviation par rapport aux attentes des analystes financiers, sont cruellement sanctionnés par des baisses brutales des cours de bourse, auxquelles aucun dirigeant d'entreprise ne peut rester indifférent. Les marchés financiers sont l'instrument de la fabrication des « meilleurs » et de l'éradication des « moyens ». Les entreprises n'ont pas d'autre choix que de se transformer en machines créatrices de performances technologiques et financières de plus en plus rapides, sinon elles courent le risque de disparaître. Et ces ressources ainsi créées renforcent encore le capitalisme financier. Une récente étude de la Deutsche Bank montre qu'une part croissante des bénéfices des grandes entreprises américaines va au paiement des dividendes et au rachat de leurs propres actions[1].

Cette réalité peut être dérangeante. Elle est en porte-à-faux par rapport à ce que souhaiteraient les dirigeants politiques appelés à payer les pots cassés en matière sociale et de lutte contre les inégalités. Elle dérange ceux qui militent pour que les entreprises se dotent d'une « raison d'être » qui dépasse leur seul objet économique. C'est une aspiration louable mais qui se heurte à l'accélération du système capitaliste dans son entier, qui fait que la puissance technologique et la performance financière seront demain, plus que jamais, la condition de la pérennité des entreprises.

En détournant une formule célèbre, on pourrait affirmer : « Le capitalisme, on l'aime ou on le quitte. » C'est d'ailleurs ce qui commence à se

1. « Does Capitalism Need Saving From Itself ? », *The Financial Times*, 6 septembre 2019.

produire avec le développement de l'économie solidaire, et le déploiement d'initiatives de toutes sortes privilégiant la vie associative, la création de communautés locales fonctionnant en autarcie ou autour de systèmes de micro-économie. Les partis populistes, de droite et de gauche, font également du combat contre les « forces du capitalisme » l'essentiel de leurs programmes politiques et économiques. Mais ces mouvements et ces contestations ne peuvent que demeurer marginaux dans leurs effets. Contrairement aux thèses de ceux qui croient déceler dans le monde d'aujourd'hui un recul de la mondialisation, c'est tout l'inverse qui se produit. La mondialisation s'accélère, car il ne faut pas seulement la mesurer à l'aune des échanges physiques de marchandises, qui reflètent les cycles économiques. La circulation des capitaux, les investissements, les technologies, les entreprises, l'intelligence se mondialisent et créent même un nouveau continent cherchant à échapper aux lourdeurs du monde « physique », celui des hommes et de la nature. La pandémie va-t-elle enrayer ce mouvement ? Certainement pas de façon globale. Des ajustements à la marge se produiront sans doute. D'aucuns appellent de leurs vœux un vaste mouvement de relocalisation des activités industrielles, afin de garantir notre souveraineté. Isabelle Méjean, lauréate du Prix du meilleur jeune économiste 2020, professeure à l'École polytechnique et spécialiste de la mondialisation, n'y croit pas. Certes, la crise du coronavirus a mis au jour l'extrême fragmentation des processus de production et la concentration de cette production dans un petit nombre d'entreprises et de pays, mais cette spécialisation et la production à grande échelle génèrent des bénéfices importants et permettent aux consommateurs d'avoir accès à des biens sophistiqués à un coût faible. « Si l'on revient en arrière, pour construire des chaînes de valeur moins fragmentées, les coûts de production vont augmenter, et le consommateur paiera la note », explique-t-elle. « La relocalisation est une fausse bonne idée, le problème de la fragmentation des chaînes de production ne provient pas de la distance géographique, mais du niveau de concentration. Il convient donc au contraire de diversifier les sources d'approvisionnement[1] », dit-elle encore.

Dans un autre ordre d'idées, l'Union européenne a mis en œuvre une surveillance des investissements étrangers dans les entreprises des pays membres, afin de sauvegarder des appétits chinois ou américains un certain nombre d'activités stratégiques. Durant la crise, la France a décidé de resserrer encore son contrôle sur ces mêmes investissements étrangers. Mais chacun sait bien que les entreprises ont besoin d'une exposition

1. Interview au journal *Le Monde*, 25 mai 2020.

internationale, et de l'accès aux grands marchés et aux grands investisseurs pour exprimer leur plein potentiel de croissance. Une fermeture des frontières aux investissements venus de pays non membres de l'Union européenne priverait donc les entreprises de croissance d'une source supplémentaire de capitaux.

En être ou ne pas en être ? C'est la question essentielle à laquelle nous sommes tous confrontés. Elle se pose aussi avec acuité aux jeunes générations. Un sondage réalisé en novembre 2019 par l'institut Gallup montrait que seul un jeune Américain sur deux, âgé de 18 à 39 ans, a une vision positive du capitalisme, alors qu'ils sont 68 % chez les baby-boomers. Si l'on considère que le capitalisme c'est le mouvement, la vitesse, la création de richesses et d'opportunités, alors il vaut mieux en être. Car les chances d'y réussir n'ont jamais été aussi nombreuses. Les besoins de la machine en matière de créativité, d'imagination, d'énergie sont immenses et d'une incroyable diversité. Le capitalisme n'est pas un système fermé sur lui-même, il est au contraire ouvert en permanence sur le monde, il se renouvelle sans cesse et à un rythme qui s'accélère, il nous fait croire qu'il peut se réformer de lui-même. Il est comme la peau et les cellules qui se renouvellent tous les jours. Il s'accélère et se régénère encore plus vite qu'avant, comme en apesanteur. Et le coronavirus n'y a rien changé, tout au contraire.

4/

Le monde de demain comme si nous y étions déjà

« Un jour. Demain. Demain, le mot le plus menteur de toutes les langues. »
RAYMOND ABELLIO (*La Fosse de Babel*)

Il ne faudrait pourtant pas déduire de ce qui précède que le Covid-19 ne nous a rien appris que nous ne sachions déjà. Les Titans sont toujours là, mais des ondes nouvelles se sont propagées dans leur univers. Et surtout, bien involontairement, le pangolin nous a probablement ouvert les yeux sur le monde tel qu'il s'annonce. Nous avons traversé une sorte d'expérience virtuelle de l'univers tel qu'il sera. Nous avons testé, à l'échelle mondiale, un certain nombre de choses : l'abrogation des libertés ; le revenu universel, même aux États-Unis (50 % des Américains ont gagné plus avec les aides pendant la période de confinement qu'en travaillant), la mort autour de nous, au travail, dans la rue, sans la guerre ; le monde virtuel, sans relations physiques, comme si nous étions dans le film *Matrix* ; un retour au « Gemba », au cercle initial, à la cellule de base de la vie sociale (parfois seul avec soi-même) ;

l'incarcération mentale et physique ; l'accélération du temps ; la déconnexion entre les puissants qui décident et les impuissants qui subissent ; les inégalités de logement et le sort néfaste de ceux que les Américains appellent les « NEET » (Not Educated, Employed or Trained) ; la pauvreté (50 % des Américains ont moins de 1 000 dollars sur leur compte en banque) ; la résolution très temporaire du problème climatique ; le vide religieux et spirituel…

Les Titans technologiques ne sont que des robots sans compassion

Tout au long de la pandémie, les Titans technologiques se sont révélés comme les anges tutélaires indispensables des humains. Pour autant, ils n'ont pas traversé la crise de la même façon et une sorte de segmentation s'est opérée entre les géants de la Tech. Certains n'ont pratiquement pas souffert. Au second trimestre de 2020 (derniers chiffres disponibles à l'heure de l'écriture de ces lignes), le chiffre d'affaires publicitaire de Google a atteint 29,87 milliards de dollars contre 32,49 milliards un an auparavant. Quant à YouTube, il enregistrait un chiffre d'affaires de 3,8 milliards de dollars, une hausse de 5,8 % par rapport au deuxième trimestre de 2019. Au cours d'une conférence avec les analystes financiers, le CEO d'Alphabet (maison mère de Google) a révélé que, à son pic, le nombre de requêtes sur Google concernant le coronavirus avait été quatre fois plus important qu'à l'occasion du Super Bowl. Certes, la croissance des revenus publicitaires n'a pas été en rapport avec l'augmentation des requêtes, et il est possible que les bénéfices de Google subissent en 2020 une diminution, mais le coronavirus a conforté la firme américaine dans sa position de numéro un mondial de la recherche et de la publicité et YouTube comme le premier site de vidéos en ligne dans le monde. Chez Facebook, le chiffre d'affaires a atteint 18,69 milliards au deuxième trimestre de 2020, une croissance de 11 % comparée au deuxième trimestre de 2019. Le nombre d'utilisateurs a augmenté de 12 % par rapport à l'année précédente. Certes, ces chiffres ne prennent pas en compte le mois d'avril durant lequel le confinement des Américains a probablement enregistré un pic. Dans le communiqué financier présentant les résultats du premier trimestre de 2020, Mark Zuckerberg insiste sur la probabilité de résultats moins bons sur l'ensemble de l'année, mais il ne se passera rien d'alarmant. Le rôle de Facebook comme premier média social du monde (à égalité avec ses équivalents chinois) et accès privilégié à l'information pour des centaines de millions d'utilisateurs, s'est encore renforcé. Tout autant que son rôle dans la diffusion de fausses informations. Quant à Twitter, le nombre de ses utilisateurs actifs monétisables (c'est le terme consacré) a augmenté de 24 % au premier trimestre de 2020 (166 millions contre 152 millions au dernier trimestre de 2019). Ses résultats financiers ont un peu souffert : 800 millions de dollars de chiffre d'affaires, contre 1 milliard au cours des trois derniers mois de 2019, ce que le CEO, Jack Dorsey, attribue au Covid-19. Mais pour une firme comme Twitter, l'indicateur le plus important pour l'avenir, c'est l'augmentation du nombre d'utilisateurs, qui finira bien par être « monétisée » avec la reprise des investissements publicitaires. Pour sa part, Amazon a réalisé un chiffre d'affaires record au premier trimestre, à plus de 75 milliards de dollars. Ainsi, pendant que certaines entreprises du monde réel accusaient des baisses de chiffre d'affaires de 50 à 80 %, ces quatre Titans ont consolidé leur position relative dans le monde des technologies, de la publicité, de la distribution. Toutefois, la crise a révélé aussi des Titans d'argile, comme Airbnb, les grandes plates-formes de réservation de voyages ou de séjours hôteliers, trop exposées aux risques « humains » et économiques. En réalité, ce sont les Titans technologiques dont l'activité repose essentiellement sur des algorithmes, des modèles mathématiques dans lesquels l'irrationnel et l'émotionnel n'ont pas leur place, qui ont fait la démonstration de leur force.

Mais ils se sont aussi révélés tels qu'ils sont : des organisations robotisées, peu capables de compassion ou d'empathie, démontrant du même coup leur incapacité à s'investir massivement, de façon émotionnelle, auprès des humains, qu'elles prétendent pourtant connaître si bien. C'est d'abord Amazon qui a concentré les critiques. Pour faire face à une demande qui explosait, l'entreprise aux méthodes managériales réputées musclées n'a pas pris la mesure des risques encourus par la main-d'œuvre dans les entrepôts, parmi laquelle plusieurs dizaines ont été rapidement infectées par le Covid-19. Ensuite, accusée de tirer parti de la situation de monopole qu'elle avait acquise, Amazon a volontairement limité la liste des produits disponibles à ceux relevant de la « première nécessité ». Mais elle a inclus dans cette liste… ses propres produits.

On se trouve face à un paradoxe : dans cette crise, les géants du numérique sont plus que jamais apparus comme incontournables. Que ce soit pour travailler, se faire livrer, s'informer, se divertir ou encore rester en lien avec ses proches. Pourtant, nous avons eu l'impression qu'ils ne nous apportaient pas ce dont nous avions besoin. Tels ces nombreux parents désespérés par l'efficacité de l'algorithme de YouTube pour accroître le temps de visionnage de leur adolescent en cette période de confinement.

Les GAFA ont construit leurs empires sur un principe, celui de l'utilisation optimale des données que nous leur cédons. Avec des outils de *machine learning* basiques, ils exploitent nos comportements les plus grégaires, et optimisent en retour leurs profits. De ce point de vue, leur stratégie est parfaitement rationnelle. Mais cette hyper-rationalité les a fait passer à côté de ce que nous attendions d'eux au cœur de la crise : l'empathie.

Si Amazon ou le chinois Tencent atteignent déjà des valorisations boursières supérieures à celles d'avant la crise, ils sont étrangement absents de nos représentations du « monde d'après », que nous avons besoin d'imaginer plus humain. C'est une leçon dont pourront tirer parti les entreprises humanistes et familiales : dans un monde où les risques sanitaires et sociaux sont plus grands, hyper-rationalité et efficacité ne suffisent pas. C'est le sens même de ce que l'on appelle la « raison sociale ».

Fallait-il s'attendre à autre chose ? Peut-être, si l'on se fie aux nombreuses déclarations des fondateurs de ces entreprises, dont l'ambition était tout simplement de changer le monde ou de le rendre meilleur. La réalité est plus crue : leur objectif est de protéger leur modèle d'affaires, d'engranger le plus de profits possible pour rendre leurs organisations encore plus efficaces, plus robotisées afin de rendre « prévisibles » les comportements humains et de commercialiser cette prévisibilité auprès des entreprises et des partis politiques. La pandémie a introduit un biais d'imprévisibilité dans les modèles comportementaux ; les Facebook et autres Google l'ont géré, mais sans s'attacher plus que cela au stress et à l'angoisse des êtres humains, qu'ils ont seulement transformés en modèles mathématiques. Facebook et Twitter n'ont pas fait de la lutte contre les *fake news* concernant la santé leur priorité absolue. Il a fallu attendre un tweet de Donald Trump, lors des émeutes de la fin mai 2020 dans un certain nombre de villes américaines, suggérant une intervention de l'armée et que les tirs répondent aux émeutiers, pour que Twitter retire ce message, à la grande fureur du président américain, qui, en réaction, a menacé la plate-forme de ses foudres. Facebook en a même profité pour réaffirmer sa position historique : sa responsabilité n'est pas de traquer le mensonge. Facebook n'est pas un éditeur, mais une plate-forme d'échange de messages. Cette posture peut être comprise en situation « normale ». Mais face au tsunami de *fake news* qui déferle en cas de crise, cette attitude, même si elle est juridiquement fondée, est-elle éthiquement tenable ? Peut-on à ce point se dégager de sa responsabilité lorsque l'on est un vecteur privilégié de diffusion de la haine et du mensonge ?

Pour les Titans des GAFA, la pandémie s'apparente à une occasion ratée de sortir de leur rôle traditionnel pour s'investir davantage dans la « vraie vie », auprès des humains, au lieu de les utiliser pour engranger toujours davantage de profits. Pendant ce temps, les fleurons de la distribution physique aux États-Unis sont en faillite, comme J.C. Penney, l'une des plus anciennes enseignes du pays, Neiman Marcus, Bergdorf Goodman ou J. Crew dont

Michelle Obama avait adopté la ligne de prêt-à-porter.

La liberté individuelle est devenue une valeur relative

Pour la première fois dans l'histoire de l'humanité, près de la moitié de la population mondiale a été placée dans une obligation de confinement, plus ou moins drastique selon les pays et plus ou moins sanctionnée en cas de manquement. Mais il est remarquable que même dans les pays où le confinement était « libre », c'est-à-dire non susceptible de contrôle ou de punition en cas de sortie intempestive, il a été respecté. Cela signifie que plusieurs milliards d'humains ont accepté d'être privés d'une de leurs libertés essentielles : la faculté de se déplacer sans entraves. Certes, les circonstances étaient exceptionnelles et l'acceptation du confinement a été largement dictée par la peur. Marcel Gauchet l'a très bien exprimé : « Je n'aurais pas cru que les Français céderaient aussi facilement à l'espèce de panique qui les a saisis et qui a déterminé cette discipline. Impossible évidemment de faire la part de l'altruisme – protéger les autres – et de la crainte égoïste dans ce comportement ; mais j'ai quand même l'impression que c'est la peur qui a été déterminante, et je n'en reviens pas. Je ne soupçonnais pas la présence de ce sentiment d'extrême vulnérabilité de son existence chez tant de gens. » Il ajoute : « Le facteur déterminant, en la circonstance, a été la peur des gouvernants à l'égard de la société. Une peur d'autant plus grande qu'ils avaient à cacher leur impréparation et leur absence de moyens. C'est ce qui leur a fait choisir cette stratégie maximaliste de la réclusion générale. Il faut dire qu'ils ont été bien aidés par le concours bénévole des grands médias, qui en ont rajouté dans la dramatisation. C'était l'occasion rêvée pour eux d'affirmer leur rôle et de faire de l'audience. Mais le fait est que la méthode a marché. Cette soumission à une privation de liberté sans précédent reste mystérieuse[1]. »

Dans l'histoire, d'autres épidémies ont provoqué des mesures de confinement, notamment lors de la peste qui a frappé la ville de Marseille en 1720. Le scénario de sa propagation rappelle d'ailleurs de façon frappante l'épisode du coronavirus, ainsi que l'explique Françoise Hildesheimer[2] : une sous-estimation du risque lorsque les premiers cas apparaissent au mois de juin, incrédulité des échevins durant tout l'été, notamment en raison des conséquences économiques prévisibles, confinement en septembre, pour une durée de cinq mois, ce qui n'empêchera pas Marseille, qui comptait 100 000 habitants à l'époque,

1. Interview au *Journal du Dimanche*, 24 mai 2020.
2. Interview au journal *Le Monde*, 15 mai 2020.

de perdre la moitié de sa population. « Le temps de l'épidémie peut être vu comme la manifestation grandeur nature de la volonté étatique de contrôle universel, et la ville confinée comme lieu d'expérience du renfermement et du quadrillage policier », explique-t-elle. Michel Foucault était encore plus radical, qui évoquait le confinement comme « l'organisation disciplinaire » par excellence et la peste comme « un rêve politique » et « une utopie de la cité parfaitement gouvernée »[1]. Les mesures extrêmes prises en Chine, par exemple, avec l'enfermement strict, les portes des personnes atteintes par le Covid-19 fermées pendant leur quarantaine, ou le tracking systématique des déplacements de la population grâce au téléphone portable et à la reconnaissance faciale, sont assez proches des thèses de Michel Foucault. La sécurité du confinement n'a pas été aussi absolue dans les démocraties occidentales, mais il demeurera dans les mémoires comme une « possibilité » en cas de nouvelles crises, sanitaires ou autres. Pour l'État, il est assez facile à décréter, peut se mettre en place en quelques heures, et l'expérience a montré qu'il est beaucoup plus aisé d'y entrer que d'en sortir.

Cet empiètement sur les libertés individuelles n'est pas nouveau. C'est une tendance de long terme. Il est rendu possible aujourd'hui par les nouvelles technologies et par les assauts répétés que

1. Michel Foucault, *Surveiller et punir*, Gallimard, 1975.

leur portent, sous des formes différentes, un certain nombre de Titans politiques. Entre 2008 et 2018, l'« indice de démocratie » dans le monde, un indicateur mis au point en 2006 par *The Economist*, a diminué, y compris dans les pays d'Europe de l'Ouest. La liste des « démocraties imparfaites » et des régimes autoritaires ne rétrécit pas et de grands pays comme l'Inde ou la Turquie sont à la frontière de ces deux catégories. La Russie a basculé depuis vingt ans dans le camp des régimes autoritaires. Si la démocratie ne fait plus de progrès dans le monde, et si un certain nombre de peuples vivent sous la domination de leur Titan, c'est souvent par contrainte, mais c'est aussi pour rechercher une forme de sécurité face à un monde de plus en plus incertain et menaçant. L'autorité rassure, la compassion est trop souvent assimilée à de la faiblesse.

Aux États-Unis, le combat entre la virilité et la compassion

« *Thanks – many are saying I'm the best 140 character writer in the world. It's easy when it's fun* » (Tweet de Donald Trump, novembre 2012).

Il est établi aujourd'hui que l'Amérique a fait face à cette crise dans la désunion et l'approximation. Elle doit cette gestion calamiteuse en partie à son président Donald Trump. Rarement, un chef d'un grand État aura manifesté une telle incohérence dans la gestion d'une crise majeure. À la fin du mois de mai, le pays était plongé dans un malaise profond : 100 000 décès, 40 millions de chômeurs, des émeutes raciales, laissant apparaître une série de dysfonctionnements politiques et sociaux graves et une crise économique sans précédent. Certes, chacun connaît la capacité de rebond des Américains. Mais le slogan de Trump, *Make America Great Again*, ne s'est pas traduit dans les faits. L'Amérique est à ce point divisée que certains historiens voient dans la crise actuelle comme une sorte de réplique des années qui ont précédé la guerre de Sécession. Au-delà des déchirures sociales et raciales, les États-Unis sont le théâtre d'une opposition farouche entre la virilité et la compassion, qui s'est manifestée à plusieurs reprises dans leur histoire, comme le souligne l'historien Thomas Snégaroff[1]. Le Titan Donald Trump s'est révélé dans toute sa splendeur, opposé au principe même du confinement, refusant de porter un masque, ne témoignant que peu de compassion pour les victimes du virus, ferraillant contre les médecins, les gouverneurs démocrates, les membres de sa propre administration, les autorités chinoises, approuvant les manifestations d'Américains hostiles au confinement, un œil sur Wall

1. Thomas Snégaroff, *L'Amérique et son président, une histoire intime*, Dunod, 2018.

Street, l'autre sur son électorat. La mise en scène même de son corps exprime la virilité de l'homme blanc, qu'aucune maladie ne peut atteindre, encore moins une « simple grippe ». À travers lui, c'est une partie de l'Amérique qui s'exprime, dans un savant mélange entre les circonstances d'aujourd'hui et les réminiscences historiques. Face à lui, son adversaire démocrate joue ou surjoue la compassion envers les victimes du virus, les chômeurs, les Noirs, les Hispaniques, les familles en difficulté, les personnes âgées. Il veut représenter l'Amérique du cœur, de l'empathie, de l'humanisme. C'est sur cette confrontation de valeurs que se jouera l'élection présidentielle. Mais elle perdurera bien après. Et elle est aussi présente dans d'autres pays, comme une sorte de fil rouge des combats politiques d'aujourd'hui et de demain. C'est le produit naturel des polarisations de nos sociétés, que le virus a brutalement révélées et rendues palpables pour tous, entre ceux qui ont et ceux qui n'ont pas, ceux qui savent et ceux qui se savent pas, ceux qui maîtrisent leur destin et ceux à qui il échappe, ceux qui ont pu se confiner dans leur maison de campagne et ceux qui se sont entassés pendant de longues semaines dans des logements exigus. Ce n'est pas le coronavirus qui a créé cette situation, mais il en a révélé toute la dureté, et l'a établie comme un fait incontestable qu'il n'est plus possible de nier et contre lequel notre impuissance collective est patente.

En Chine, la volonté confirmée de maîtriser son destin

En Chine, la crise du coronavirus a été le « moment » de Wang Huning, membre du bureau politique du Comité central de la République populaire de Chine, entre autres chef du bureau du « Groupe directeur pour l'approfondissement de la réforme ». Sans avoir plaidé coupable d'avoir tardé à prendre la mesure de l'épidémie, la Chine s'est érigée en exemple à la face du monde, notamment grâce à des opérations spectaculairement mises en scène d'aide aux pays occidentaux. Il est vrai que sa population s'est mobilisée et que le pays a mesuré la gravité du drame qui se jouait, tout en travaillant chaque jour à faire de cette crise l'occasion de progresser, sur un plan technologique notamment. Que l'on pense aux innovations médicales (aux usages de l'IA dans ce domaine en particulier), à l'éducation en ligne, aux *smart cities* ou encore à la 5G, la crise provoquée par l'épidémie a permis de franchir des caps décisifs. Il est non moins vrai que la narration chinoise de son propre destin a changé. Le 16 avril, le *Global Times*, un quotidien publié en anglais et en chinois proche de la ligne du parti, écrivait : « Le temps de la Chine soumise est révolu. Son statut ascendant dans le monde exige qu'elle sauvegarde ses intérêts nationaux d'une façon non équivoque. Après tout, ce qui s'exprime derrière le style “loup combattant” de la diplomatie chinoise, c’est le rapport de force qui est en train de changer entre la Chine et l’Occident. » La Chine adopte dorénavant une posture plus offensive. Les dirigeants chinois ont cru voir dans la pandémie du Covid-19 la preuve définitive de la faiblesse de l’Occident, de la mollesse de son modèle démocratique en cas de crise.

La Chine sort donc de cette crise renforcée sur le plan technologique, plus que jamais polarisée entre l’ultra-capitalisme et l’ultra-communisme, après avoir battu le record de longévité du parti (plus de soixante-dix ans, ce qui met à bas la « malédiction » de la chute de l’URSS soixante-dix ans après sa création). La Chine continuera d’être le plus grand marché pour la moitié des produits vendus dans le monde. Son économie a ralenti mais elle ne s’est pas appauvrie. Et le redémarrage est désormais acquis, même s’il a été plus lent qu’escompté. La Chine ne va pas être punie, on ne va pas lui envoyer la facture de la crise, comme certains menaçaient de le faire. Qu’y a-t-il eu de répréhensible ou de non répréhensible dans la façon dont elle a géré l’épidémie ? Bref, la Chine est à l’image du « Perfect Swan » du livre de Marc Dugain, *Transparence*, un personnage qui joue de l’immortalité pour surfer sur une crise financière mondiale qu’il a provoquée et dont il ne sera jamais tenu pour responsable.

La Russie a voulu faire au mieux, elle a fait comme d'habitude

En fait, le seul Titan politique dont l'étoile aura singulièrement pâli dans son propre pays est Vladimir Poutine. La Russie a encaissé la vague du coronavirus de plein fouet, avec des infrastructures hospitalières insuffisantes hors de Moscou ou de Saint-Pétersbourg. Le président russe a d'ailleurs été étrangement absent de la scène médiatique nationale durant cet épisode, préférant reporter la responsabilité de la crise sur les gouverneurs régionaux, tout en leur déniant les moyens nécessaires pour y faire face. La Russie est apparue pour ce qu'elle est : un Titan d'argile, dont la force ne repose que sur son appareil militaire, la main de fer de sa gouvernance et sa capacité de nuisance dans le cyberespace. Un ancien Premier ministre russe, de la période Boris Eltsine, avait eu un jour ce commentaire, face à une prise d'otages qui avait mal tourné du fait d'initiatives hasardeuses des forces de sécurité : « Nous avons voulu faire au mieux, nous avons fait comme d'habitude. » Cette phrase s'applique à la perfection à la situation actuelle. C'est une sorte de malédiction russe : rien ne résiste à la mauvaise gouvernance, encore moins une crise sanitaire dont Vladimir Poutine, comme Donald Trump, a longtemps nié la gravité et dont il affirmait que pour des raisons tenant à la spécificité russe, elle ne toucherait pas le pays. Ce qui n'a pas empêché le Premier ministre et plusieurs membres du gouvernement d'être frappés par l'épidémie.

L'avenir du travail localisé est désormais compté

Le télétravail a donc acquis ses lettres de noblesse. Avant la crise, il n'était qu'une possibilité. Au plus fort de la pandémie il s'est révélé comme une nécessité. Dans l'avenir, il sera une commodité. Les entreprises ont découvert qu'elles pouvaient continuer de fonctionner sans les légions de cols-blancs qui se présentent chaque matin à leur bureau. Économies de mètres carrés, gestion plus efficace des ressources, effacement progressif de la frontière entre vie privée et vie professionnelle. Une majorité de salariés y ont trouvé aussi leur compte, en tout cas ceux qui disposaient d'un espace de travail identifié et d'infrastructures de télécommunications performantes. Les entreprises américaines de technologie sont les premières à prendre la mesure de l'ampleur prévisible du phénomène. Google, Facebook, Microsoft, Amazon et Twitter ont été les premières grandes entreprises de Tech à renvoyer leurs collaborateurs à la maison dès avant le confinement. Et elles seront probablement les dernières à rouvrir leurs bureaux. Google, Salesforce et Facebook ont fait passer le message à leurs salariés qu'ils pouvaient rester en télétravail jusqu'en 2021 y compris jusqu'en juillet 2021. Amazon ne prévoyait une réouverture de ses bureaux qu'en octobre 2020. Quant à Twitter, elle a informé ses collaborateurs qu'ils pouvaient continuer de travailler à distance… pour toujours. Cette attitude rompt avec le style de ces entreprises, qui reposait sur des « campus », des sièges sociaux luxueux agrémentés de parcs et de jardins, de terrains de volley et de basket, de cafétérias et de restaurants, de salles de gymnastique et de crèches, et dont certaines ont mis en œuvre de vastes projets immobiliers pour loger leurs salariés. Dans une vidéo publique, diffusée le 20 mai dernier, Mark Zuckerberg est allé encore plus loin : il envisage que la moitié des 45 000 salariés de l'entreprise travailleront à distance d'ici dix ans et annonce que Facebook va lancer une politique « agressive » de recrutement de collaborateurs à distance, non seulement aux États-Unis mais ailleurs dans le monde, tout en précisant que les salaires seront adaptés au coût de la vie locale, y compris sur le territoire américain. Cela ouvre de nouvelles perspectives en termes de recrutement de talents, qui pourra s'opérer à l'échelle mondiale, sans que les nouveaux salariés soient obligés de faire le voyage jusqu'à Menlo Park. Même en France, cette idée fait son chemin. Les patrons des grandes entreprises portent désormais sur le télétravail un regard nouveau. Ils ne le jugent plus, comme l'a dit l'un d'entre eux, réservé aux « fainéants et aux non-performants ». Laurence Fink, le *chairman* de BlackRock, a annoncé en avril 2020, dans le colloque virtuel du Future Investment Initiative, que sa société fonctionnait parfaitement sans que ses salariés ou lui-même se rendent physiquement au bureau et que l'avenir était à des salariés basés à Hawaii, en Floride ou ailleurs et travaillant du lieu qui leur plaisait le plus pour vivre et se lever le matin. C'est ainsi que Peugeot a décidé d'élargir le télétravail à 80 000 de ses salariés (sur un total de 200 000), qui ne viendront plus physiquement au bureau qu'un jour et demi par semaine. Cela lui permettra de réduire son empreinte immobilière, de diminuer le temps perdu en déplacements.

Cette tendance va s'accélérer. Elle va donner lieu à de nouveaux modes de management à distance, au développement de nouveaux outils de communication, notamment par le biais de la réalité virtuelle. C'est donc une évolution majeure qui se profile dans l'organisation des entreprises et la relation entre les salariés et le travail. Elle rompt avec une tradition très ancrée : la localisation physique du travail dans un espace dédié au salarié. Elle ouvre donc grande la porte à la délocalisation du travail, le siège de l'entreprise devenant une sorte de *data center*, piloté par un petit nombre de spécialistes de haut niveau, auxquels rapporteront une armée de collaborateurs à distance, éparpillés dans le monde entier, et qui nourriront la « machine » en permanence. Le déploiement de la 5G contribuera encore à accélérer le processus et permettra aux territoires de conserver chez eux des résidents actifs. Travailler là où l'on veut vivre, comme le préconise Jean-Christophe Fromentin, le maire de Neuilly-sur-Seine[1], deviendra progressivement la norme.

Le revenu universel a vu le jour

Dans un livre précédent[2], une carte du monde futur avait été esquissée. L'univers y était organisé autour de « continents » virtuels, la banquise des robots, l'océan des données, le septième continent des GAFA, le rocher des super-riches, la grande plaine du quaternaire... Dans cette dernière vivaient tous ceux qui ne participaient pas directement au fonctionnement de la nouvelle économie financière et digitale, exclus du travail par l'automatisation, retraités, jeunes sans emploi ni formation (les fameux NEET), travailleurs précaires dans des activités de services peu élaborées... Leur subsistance était assurée par un équivalent du revenu universel, afin qu'ils puissent continuer à consommer

1. Jean-Christophe Fromentin, *Travailler là où nous voulons vivre*, François Bourin, 2018.

2. Charles-Édouard Bouée, en collaboration avec François Roche, *Confucius et les automates*, Grasset, 2014.

et à jouer, conformément à la prédiction d'Arthur C. Clarke, auteur de science-fiction britannique : « L'objectif de l'homme est d'abolir le travail, alors nous pourrons tous jouer. » Les différents soutiens apportés aux salariés privés d'emploi durant la crise sanitaire s'apparentent au revenu universel, puisque des millions d'entre eux ont été payés sans travailler, au titre de systèmes divers, plus ou moins généreux, mais qui se sont révélés très opérationnels. Cette expérience va faire réfléchir économistes et dirigeants politiques. Le ministre des Affaires étrangères de Singapour a parlé d'une expérience à l'échelle mondiale du revenu universel, lors du conseil Intelligence Artificielle du Forum économique mondial de Davos. Nous allons tout droit vers une explosion de l'automatisation du travail, puisque l'homme, simple machine organique, s'est révélé être le maillon faible de la chaîne productive. La digitalisation des services dans l'industrie financière, la grande distribution, l'industrie va provoquer la disparition de millions d'emplois dans le monde. Les nouvelles technologies sont des industries où la valeur est concentrée dans les machines, les logiciels, les algorithmes et non dans la main-d'œuvre. Il est vain de croire que le travail est substituable entre individus n'ayant pas le même âge, la même formation, la même expérience. La polarisation va donc s'accroître entre ceux qui contribuent directement à la création de valeur dans les industries stratégiques et/ou de pointe, et ceux qui n'auront pas accès à ces emplois. La crise a rappelé aux États leur devoir de solidarité. Il est probable qu'ils vont devoir se concentrer à l'avenir presque exclusivement sur cette mission, libérés de la pression des taux d'intérêt sur leur dette. Le revenu universel est donc presque la seule solution pour encaisser les chocs sociaux du futur et éviter des révoltes de la pauvreté ou de la faim. Là encore, la leçon de la pandémie va porter.

Le présent a moins de valeur que le futur

Les taux d'intérêt bas voire négatifs ont non seulement créé ou nourri les Titans technologiques, mais ils ont rendu les rêves les plus fous désormais accessibles, à l'image de Space X, une entreprise privée, prenant la relève de la NASA dans l'exploration de l'espace, avec pour objectif le développement des vols spatiaux habités jusque vers la planète Mars. En créant de la monnaie dans des proportions encore jamais vues, les banques centrales se sont instituées comme pratiquement la seule instance de gouvernance mondiale opérationnelle en temps de crise, celle de 2008-2009 comme celle de 2020. Or, quel est le vrai sens des taux négatifs ? Ils ne sont pas seulement un instrument d'allègement du coût de la dette des États et des entreprises. Ils suppriment le référentiel de gravité du risque futur, ils créent donc un phénomène d'apesanteur. Ils symbolisent aussi le fait que le présent où nous vivons vaut moins cher que le futur. C'est tout simplement la négation du « vivre ». Cela donne aussi à penser que nous nous projetons sur des horizons de temps qui dépassent la vie d'un humain, mais deviennent, à l'échelle de l'humanité tout entière, comme « aller sur Mars ».

La prise de conscience brutale de la « possibilité » de la mort

Ces dernières années, les prophètes de l'immortalité se sont taillé de beaux succès d'audience en nous parlant de « la mort de la mort ». Grâce aux technologies (les Nanotechnologies, Biotechnologies, Informatique et Sciences Cognitives – NBIC), la vie de l'homme serait prolongée presque indéfiniment, touchant ainsi à l'immortalité. Hélas, le problème n'est pas aussi simple. Le coronavirus nous a rappelé à notre condition de fragile machine organique, d'animal social à cerveau reptilien, soumis aux atteintes de l'âge en dépit des progrès de la science. Dans nos sociétés technologiques et consacrées à la satisfaction de nos besoins immédiats, vouées au culte du « jeunisme », portées par le progrès, l'efficacité, la rentabilité, la mort a été mise sous silence comme le dit Marie de Hennezel. « Ce déni nous conduit à ignorer tout ce qui relève de la vulnérabilité. Il est responsable d'une perte d'humanité, d'une perte de la culture de l'accompagnement avec les souffrances qui y sont associées », explique-t-elle encore[1]. L'omniprésence de la mort durant cette crise, nous avons encore tenté de la nier par le strict confinement imposé aux personnes âgées résidant notamment dans les EHPAD, multipliant ainsi les situations de détresse psychologique. Malgré tout, la mort s'est à nouveau imposée à nous comme une « possibilité inéluctable », avec des visages réels et des proches touchés. Il est difficile de déceler les conséquences de ce face-à-face brutal sur nos comportements, à part une attention plus grande donnée aux gestes de protection sanitaire dans la vie quotidienne. À tout le moins, le discours « technologiste » sera remis en perspective et une vigilance plus grande accordée aux risques qu'entraînent la destruction de la biodiversité et la proximité qu'elle provoque entre les hommes et certaines espèces animales. Paradoxalement, le coronavirus a peut-être sauvé le pangolin de l'extinction.

1. Tribune publiée par le journal *Le Monde*, 4 mai 2020.

L'épuisement idéologique et religieux est en marche

Normalement, les grandes crises sont propices aux interrogations fondamentales. Celle du coronavirus a provoqué une intense activité autour de la question du « monde d'après » qui n'était, le plus souvent, que la vision que chacun avait du monde tel qu'il devrait être et qu'il n'est pas encore. Il a fallu surtout conserver sa santé mentale, alors que nous étions comme un hamster dans sa cage. Nous avons démontré assez de résilience pour accepter le fait que nous ne pouvions rien faire pour lutter contre la crise – hormis les personnels de santé –, si ce n'est respecter le confinement et les gestes barrières. En réalité, cette crise a révélé une nouvelle fois notre état d'épuisement idéologique, le fait que nous devons accepter notre impuissance à changer le monde, sauf par de tout petits pas, *Schritt für Schritt*, « pas à pas », comme disent les Allemands. Il n'y a toujours pas de grand soir à l'horizon. Quant à la question de la foi en Dieu, elle reste tout aussi fondamentale. Il est d'ailleurs à remarquer que les chefs des grandes religions révélées n'ont guère été présents tout au cours de la crise. Dans le passé, les grandes épidémies étaient considérées comme une épreuve divine, un châtiment de Dieu pour éprouver une humanité pécheresse. Le discours de l'Église consistait alors à conférer à la maladie une signification d'ordre supérieur et à proposer des remèdes spirituels pour lutter contre elle (pénitence, confession, procession...). On conçoit fort bien qu'elle ne soit plus dans ce registre aujourd'hui. Mais son silence crée un vide. Il symbolise un questionnement plus profond : quelle réponse au monde d'aujourd'hui apporte le fait de croire en Dieu ? Le fait de croire ou non change pourtant la perspective sur des sujets très actuels, en particulier s'agissant de la toute-puissance de la technologie. Si l'on croit, alors il est tout simplement impossible d'adhérer à la thèse de l'émergence prochaine d'une intelligence artificielle globale qui pourrait penser et agir à la place de l'homme ou lui conférer un pouvoir absolu sur l'univers, faisant d'elle un équivalent de Dieu. Car si ce dernier existe vraiment, il fera en sorte, à un moment ou un autre, de débrancher la machine ou d'appuyer sur le bouton *reset* pour déclencher la fin du monde dans un nouvel Armageddon. Si l'on ne croit pas, alors le fait qu'une intelligence supérieure, mue par les mathématiques, prenne en main le destin de l'humanité, et invente une solution pour prolonger la vie des humains, digitale ou biologique, devient un horizon potentiellement possible. Et si personne ne croit plus en Dieu, alors le sort des humains est réduit (si l'on peut dire) à la transmission génétique, sans espoir d'au-delà. Le coronavirus est-il un signe divin, la première alerte avant le déluge ?

Conclusion

Un déluge annoncé ou la renaissance ?

« Les mythes sur lesquels nous vivons
sont contradictoires ; pacifisme et nécessité de défense,
organisation et mythes chrétiens, efficacité et justice
et ainsi de suite. Nous devons les ordonner,
transformer notre Apocalypse en armée ou crever.
C'est tout. »
ANDRÉ MALRAUX (*L'Espoir*, 1937)

Le coronavirus est-il un signe annonciateur de catastrophes plus grandes encore ? Il a frappé par surprise (et ses probables futures « vagues » pourraient bien nous trouver tout aussi impréparés), alors que l'humanité était préoccupée par d'autres risques, plus radicaux, au premier rang desquels le risque climatique. Dans l'histoire, les virus et microbes ont contribué à refaçonner l'humanité. Au XIIIe siècle, la peste a favorisé l'intrusion en Asie centrale et en Europe des hordes mongoles, qui la transportaient probablement aussi avec elles. Les maladies ont décimé les populations de l'Amérique, facilitant ainsi leur colonisation. Les épidémies ont provoqué des défaites militaires, des effondrements démographiques, des abandons de vastes territoires, des conquêtes, des remplacements de population. Rien de tel avec le coronavirus, qui malgré les centaines de milliers de morts qu'il a provoquées, ne s'est pas révélé comme une menace létale contre notre monde. Il n'a entraîné ni défaites militaires, ni remplacement de population, ni abandons de territoires, ni conquêtes. Mais il n'a pas fait disparaître non plus les autres dangers auxquels nous sommes exposés. La Terre continue de se réchauffer, inéluctablement. Les ressources naturelles s'épuisent. Les inégalités se creusent. Le risque de guerre nucléaire existe toujours. Les trois premières de ces menaces sont déjà en cours d'exécution, la quatrième est latente et ce n'est pas parce qu'elle ne s'est pas encore concrétisée qu'elle doit être écartée définitivement.

Le coronavirus s'est déclenché dans un climat mondial délétère, certains diraient même de décadence. Cette question fait l'objet de nombreux débats. Ross Douthat, analyste politique conservateur et chroniqueur au *New York Times*, nous en propose une analyse assez approfondie[1]. Il ne fait aucun doute pour lui que la société occidentale est entrée dans une phase de décadence. Encore faut-il s'entendre sur le sens de ce mot, suffisamment vague pour susciter tous les fantasmes.

---

1. Ross Douthat, *The Decadent Society : How We Became The Victims of Our Own Success*, Simon & Schuster, 2020.

Douthat ne prétend pas que l'Occident se roule dans la dépravation ou le vice. Il nous propose sa propre définition de la décadence, largement empruntée au critique d'art Jacques Barzun, auteur d'une passionnante histoire de la culture occidentale : une sorte de chute. Les formes de l'art et de la vie semblent épuisées ; toutes les étapes du progrès paraissent avoir été atteintes ; les institutions fonctionnent avec peine ; la répétition et la frustration gagnent les esprits ; l'ennui et la fatigue deviennent des forces historiques. Autrement dit, la décadence est le fruit de la stagnation économique, du délabrement des institutions, de l'épuisement intellectuel et culturel dans une période de grande prospérité matérielle et de développement des technologies. L'auteur affirme que le pic de l'accomplissement de l'« âge américain » se situe en 1969 avec les premiers pas de l'homme sur la Lune. Cet événement semblait marquer le début d'une nouvelle ère de conquête vers un univers sans frontières, où les hommes auraient agrandi leur empire jusqu'aux étoiles. L'explosion du vaisseau Challenger, en 1986, a détruit ce rêve. Et il n'est pas anodin de souligner combien le lancement du vaisseau spatial d'Elon Musk, en mai 2020, a été interprété comme un signe de renaissance du rêve américain. Or, pour progresser, l'humanité a besoin de grands espaces. À défaut elle se recroqueville dans des ambitions médiocres et elle s'ennuie.

Notre civilisation est hantée par la résignation. Elle n'a plus d'espace où se projeter. Elle se condamne à la répétition. Le néolibéralisme n'a pas empêché le monde d'entrer dans une stagnation économique séculaire. Les technologies nous endorment au lieu de nous libérer, l'ancien ordre politique se délite sans qu'un nouveau soit venu le remplacer. Nos sociétés, pourtant riches et puissantes, ont cessé d'avancer sur les plans politique, économique, culturel et intellectuel. La preuve : s'il est aisé de reconnaître l'originalité d'une œuvre d'art, d'un immeuble, d'une robe, d'une chanson des années 30, 50, 70 ou 80, rien ne ressort aussi puissamment des années 90-2000. Lady Gaga a remplacé Madonna, Adele a remplacé Mariah Carey et Jay-Z et Elton John sont toujours Jay-Z et Elton John. Quant à la technologie, elle a fait de nous des nains confortables en cultivant la médiocrité par algorithmes interposés.

À l'image de celui de Deucalion, provoqué par Zeus, faudra-t-il un nouveau déluge, de quelque nature qu'il soit, pour retrouver la voie vers un monde plus juste et plus apaisé ? Il faut revenir à la définition première de l'Apocalypse ou Livre de la Révélation. Son auteur, saint Jean, présente ce texte comme étant d'essence prophétique, comme une Révélation du sens divin de son époque et de la façon dont le peuple de Dieu sera bientôt « délivré ».

Pour beaucoup d'entre nous, le confinement (56 jours en France) a été une véritable révélation du monde qui nous entoure, de la vie et du sens que nous voulons donner à notre vie. Cette révélation peut se résumer en quatre questions : Que voulons-nous apprendre dans notre vie (quoi, comment et où) et pour quoi faire ? Comment pouvons-nous vivre pleinement notre vie au présent et dans le futur ? Quelle part devons-nous laisser à l'amour dans notre vie ? Et enfin, que voulons-nous laisser derrière nous après notre mort ?

La réponse à ces quatre questions est très personnelle mais dictera les conduites des uns et des autres dans les prochains mois et années…

La ligne de partage entre l'ancien monde arrivé à son terme et le nouveau près de s'accomplir, est ainsi marquée par l'intervention divine qui juge les impies et récompense les élus. C'est un mythe tenace auquel adhère l'humanité, comme le montrent d'ailleurs les débats actuels sur le « monde d'avant » et le « monde d'après », séparé par cette petite Apocalypse du coronavirus.

Elle a confirmé le sentiment diffus que les dieux nous sont tombés sur la tête. Toutes les mécaniques sur lesquelles le monde se fondait depuis plusieurs décennies se sont déréglées. L'économie, la politique, la technologie obéissent désormais à des logiques nouvelles, qui nous ont pris par surprise. Les théories anciennes volent en éclats, les lois qui gouvernaient le monde occidental tombent en lambeaux. La nature elle-même, que l'homme a domestiquée depuis des millénaires, devient son ennemi. La raison quitte progressivement les humains au profit des passions mortifères et du mensonge. C'est comme si des forces souterraines s'étaient mises en branle pour assener aux hommes un choc définitif. Pour certains, l'issue est claire : l'effondrement final, la chute de la civilisation, le grand déluge de la mythologie. La confusion est à ce point que l'on ne croit plus personne, ni les scientifiques, ni les politiques, ni les intellectuels. L'idée commence à se répandre qu'il ne peut plus y avoir de survie qu'individuelle, avec les moyens du bord : le repli vers des paradis de luxe cadenassés pour les plus riches, l'émigration vers des terres supposées plus accueillantes pour les plus pauvres. Le monde se fracture de façon tellement profonde que l'on croit de moins en moins dans la possibilité d'en rassembler les morceaux.

Pourtant, il faut se préparer à un autre déluge. Et lorsque l'on considère l'impréparation des États et des populations face à une pandémie relativement modeste, que se passera-t-il, par exemple, en cas d'attaque massive sur les réseaux énergétiques ou de télécommunications ? Les experts ne cessent d'attirer l'attention des dirigeants sur ce risque qui pourrait survenir à tout moment. Comment faire face à une interruption, même de quelques jours seulement, de l'alimentation en électricité d'un grand pays industriel ? Comment gérerait-on une panne massive des réseaux de télécommunications et d'Internet, alors que c'est le lien vital des entreprises et des populations ? Quelle attitude adopterions-nous si des cyberattaques venaient détruire les données de tous les ordinateurs d'un pays ou d'une région du monde ? Il n'existe pas de vaccin contre ces risques et le confinement ne serait pas une réponse. Il faudrait faire face à des interruptions de toutes les activités économiques, à l'obscurité, à la perte de mémoire des entreprises et des organisations, à une paralysie des États. D'autres pandémies encore plus violentes pourraient apparaître puisqu'en déforestant à outrance, l'homme a ouvert la boîte de Pandore des virus. Il se pourrait également que se produise une série de catastrophes climatiques ou naturelles, générées par un réchauffement qui s'accélère dans certaines régions du globe. Imaginons un instant que l'ensemble du permafrost sibérien, sur lequel sont construites la plupart des infrastructures gazières, pétrolières et minières de la Russie, ainsi que des dizaines de villes, se mette à fondre vraiment, entraînant la destruction des infrastructures, et une série de catastrophes écologiques. Ce serait un risque vital pour un grand pays industriel et minier, puissance nucléaire de surcroît… Comment réagirait la population russe à la manifestation de ces risques ? Comment les dirigeants politiques les géreraient-ils ? Et ces mêmes questions se poseront inévitablement lors de tout accident climatique majeur, où qu'il se produise dans le monde. Ce serait l'effet exactement inverse du confinement : la fuite éperdue des populations en danger, que personne ne voudrait accueillir. Voilà le genre de risque sur lequel les gouvernants et les militaires devraient travailler afin de s'y préparer et de les traiter.

Le coronavirus a fait apparaître les insuffisances de la gouvernance mondiale. À l'exception du plan économique européen de 750 milliards d'euros récemment adopté par les 27 pays membres de l'Union européenne (sous réserve de ratification par le Parlement européen et par les parlements nationaux), aucune autre réponse coordonnée au niveau régional ou mondial n'a été apportée au traitement de la crise, en particulier en Europe, dont on attendait davantage de convergence. En mars 2020, pour la première fois depuis la Seconde Guerre mondiale, la frontière entre la France et l'Allemagne a été fermée, ce qui, avec le recul, apparaît comme une absurdité.

Si déluge il doit y avoir, il ne sera pas cette fois administré par Zeus ou Dieu. Il le sera par l'action des humains eux-mêmes, du fait de leur irrationalité, de leurs peurs, de leur passivité ou de leur appétence pour la destruction de « l'autre ». Dans ce monde de Titans, c'est des hommes que doit venir la solution, de leur volonté de partager, de construire, de faire le bien, d'œuvrer à un monde meilleur. C'est cette énergie-là qu'il faut retrouver et elle ne peut être mise en œuvre et relayée que par l'action des gouvernants. Tant que subsisteront les appétits de conquête, de destruction, de domination et de surveillance, l'humanité est condamnée à une lente décadence de ses valeurs humaines, culturelles et intellectuelles.

Dans ces temps étranges, entre réalisme et espoir, entre résignation et volonté, il n'est pas inutile de méditer le paradoxe de Stockdale. James Stockdale (1923-2005) était un vice-amiral de la marine américaine. Il fut l'un des officiers les plus décorés de l'histoire des États-Unis. Fait prisonnier lors de la guerre du Vietnam, il fut détenu pendant huit ans et subit la torture. Une fois libéré, il raconta son expérience, et livra un enseignement capital et inattendu : les prisonniers les plus optimistes sont ceux qui n'ont pas survécu. Persuadés qu'ils allaient être libérés sous peu, et constatant que cela n'arrivait pas, ils se sont découragés plus vite et ont perdu l'énergie dont ils avaient besoin pour tenir. Ceux qui s'en sont sortis n'étaient pas défaitistes pour autant. Ils étaient persuadés, au fond d'eux-mêmes, qu'ils en réchapperaient. Mais ils regardaient en face les épreuves qui les attendaient, sans chercher à se rassurer. Ce qui leur a permis de les traverser.

D'où le paradoxe : il fallait être convaincu de s'en sortir, tout en ayant le courage de s'affronter à la brutale réalité.

Le paradoxe de Stockdale a beaucoup inspiré le monde des affaires et les stratégies d'entreprises. Mais dans le contexte actuel, il retrouve une évidence. Nous le constatons chaque jour, la crise ne touche pas tout le monde de la même manière. Certains pays, certaines entreprises, certains individus s'en sortiront mieux que d'autres. Et le paradoxe de Stockdale nous offre une première clé d'interprétation. Face à l'épreuve, il faut prendre la mesure de la difficulté sans chercher à la minimiser, tout en restant convaincu de l'issue favorable. Il faut un narratif, un récit de l'après. Pour nous, qui sommes encore dans l'œil du cyclone, c'est le moment de regarder en face les énormes difficultés qui sont devant nous, qu'elles soient sanitaires, sociales ou économiques. Et de s'atteler dès maintenant à écrire un avenir dans lequel nous serons collectivement plus forts et, espérons-le, individuellement plus « heureux ».

TABLE

Cet ouvrage a été imprimé
par CPI Brodard & Taupin
pour le compte des éditions Grasset
à La Flèche (Sarthe)
en septembre 2020

Mise en pages PCA, 44400 Rezé

PAPIER À BASE DE
FIBRES CERTIFIÉES

Grasset s'engage pour
l'environnement en réduisant
l'empreinte carbone de ses livres.
Celle de cet exemplaire est de
550 g éq. CO_2
Rendez-vous sur
www.grasset-durable.fr

N° d'édition : 21664 – N° d'impression : 3040046
Dépôt légal : octobre 2020
Imprimé en France